IELTS 기본기를 위한 **필수문법**

IELTS 급상승 Grammar
[기초다지기]

김재한
(現) 시원스쿨 IELTS 대표 강사
　동덕여자대학교 강사
　이익훈어학원 대표 영어강사
(前) YBM강남센터 대표 영어강사
　시사영어학원 IELTS 강사
　Evendine college, IELTS 강사
(英) University of London, 교육대학원(Institute of Education) 석사과정
University of Portsmouth, 영어학학사
South Thames College, CEELT자격증
Evendine College, TESOL자격증

저서
초고속IELTS, 모질게 토익스피킹, 토익의신, W-TOEIC SPEAKING(레벨7)
Bansok IELTS Writing START

IELTS 기본기를 위한 필수문법
IELTS Grammar

[기초다지기]

저　자 김재한
발행인 고본화
발　행 반석출판사
2025년 1월 10일 초판 3쇄 인쇄
2025년 1월 15일 초판 3쇄 발행
홈페이지 www.bansok.co.kr
이메일 bansok@bansok.co.kr
블로그 blog.naver.com/bansokbooks

07547 서울시 강서구 양천로 583번지 B동 1007호
(서울시 강서구 염창동 240-21번지 우림블루나인 비즈니스센터 B동 1007호)
대표전화 02) 2093-3399　**팩　스** 02) 2093-3393
출 판 부 02) 2093-3395　**영업부** 02) 2093-3396
등록번호 제315-2008-000033호

Copyright ⓒ 김재한

ISBN 978-89-7172-848-2 (13740)

■ 교재 관련 문의: bansok@bansok.co.kr을 이용해 주시기 바랍니다.
■ 이 책에 게재된 내용의 일부 또는 전체를 무단으로 복제 및 발췌하는 것을 금합니다.
■ 파본 및 잘못된 제품은 구입처에서 교환해 드립니다.

IELTS 기본기를 위한 필수문법

IELTS 급상승 Grammar

[기초다지기]

반석출판사
Bansok

머리말

　　전 세계에서 가장 공신력 있는 영어능력 인증 시험 중 하나가 바로 IELTS(International English Language Testing System)입니다. 수많은 학생들이 영어권 나라에서 공부를 하기 위해 꼭 거쳐야 하는 영어능력시험 중 하나이고, 아울러 영미권 나라에서 취업을 하거나 이민을 가는 경우에 IELTS라는 시험을 꼭 보아야 하는 경우가 많습니다.

　　IELTS는 학생들에게 상당히 어렵고, 공부하기 까다로운 시험으로 알려져 있습니다. 하지만, IELTS가 영어의 전부를 테스트할 수는 없으므로 시험에 자주 출제되거나 자주 등장하는 표현이나 어휘들을 정확히 알고 공부한다면 절대로 생각처럼 어렵지는 않습니다.

　　학생들 혹은 직장인 분들께서 IELTS를 준비하기 위해 어디서부터 시작해야 하는지, 무엇을 어떻게 공부해야 좀 더 쉽고 빠르게 원하는 점수를 받을 수 있을지에 대해 고민해보았습니다. 무엇보다 먼저, IELTS 시험을 준비하는 학생들이 시험에서 가장 어렵다고 생각하는 파트는 바로 Speaking과 Writing입니다. 이 두 파트를 아무 기본기도 없이 시작하면 마치 뜨거운 사막에서 혼자 땅을 파고 있는 기분을 느끼게 될 거라 생각합니다. 그래서 문법 공부가 필요합니다. 문법을 잘 모르면 기초가 단단하지 못해 어느 순간 앞으로 더 나아가는 것이 어려워집니다. 필자는 가장 이해하기 쉽게 문장을 만드는 방법을 이 책에 기술하였으며, 누구나 IELTS를 보기 전에 이 교재를 보면 많은 도움을 받을 수 있으리라 확신합니다.

　　제 스스로 영국에서 유학할 당시에 IELTS를 상당히 오랫동안 공부했었으며, 대학과 대학원에서 영어교육과 관련된 공부를 해왔기 때문에, 그 누구보다도 여러분의 가려운 부분을 시원하게 긁어드릴 수 있다고 확신합니다.

　　이 교재를 가지고 공부하시는 여러분 모두 IELTS에 한 발 더 다가갈 수 있을 것이며, 아울러 영어문장에 대해서도 좀 더 자세하게 이해할 수 있을 것입니다.

　　마지막으로 이 교재를 쓰는 데 도움을 주신 반석출판사 관계자 분들과 감수를 해준 Chris, 그리고 교재테스트를 도와준 강진희 강사님과 김신정 학생께 감사의 말씀 전합니다.

저자 김 재 한

CONTENTS

머리말	04
목차	05
이 책의 특징 및 활용법	06
IELTS 소개	07

PART 01
문장의 종류

Unit 01	문장의 정의	18
Unit 02	문장의 종류	19

PART 02
주어와 목적어

Unit 01	주어의 정의/위치/형태	32
Unit 02	목적어의 정의/위치/형태	34
Unit 03	주어와 목적어의 종류	36

PART 03
동사의 활용

Unit 01	동사의 정의/위치/형태	72
Unit 02	동사의 종류	76
Unit 03	동사의 시제	94
Unit 04	동사의 수동태	103

PART 04
수식어구의 종류

Unit 01	형용사	110
Unit 02	부사	116
Unit 03	비교급	120
Unit 04	최상급	123
Unit 05	분사	127
Unit 06	to부정사	134
Unit 07	관계사	136

PART 05
접속사

Unit 01	접속사의 정의	150
Unit 02	접속사의 종류	151

해 답   169

이 책의 특징 및 활용법

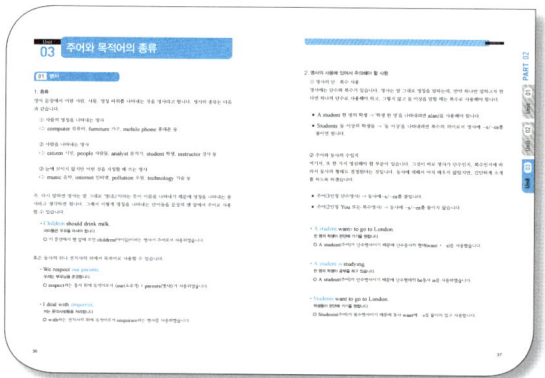

본문

IELTS 시험을 준비하는 데 있어서 필수적인 문법 사항들을 알기 쉽게 정리하였습니다. 다양한 예문으로 이해를 돕습니다.

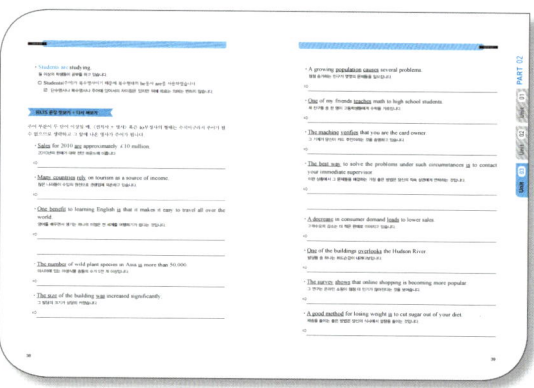

IELTS 문장 맛보기 + 다시 써보기

실제 IELTS 시험에 등장했던 문장들 중에 본문에서 다루었던 문법 사항들을 포함하고 있는 문장들을 따로 실었습니다. 또한 해당 문장을 바로 써보고 제대로 익힐 수 있도록 바로 밑에 빈칸을 마련해 두었습니다.

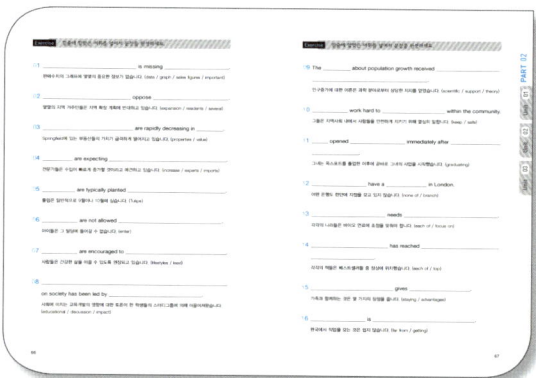

Exercise

파트에서 공부한 문제를 복습할 수 있도록 마련된 문제입니다. 정답은 이 책 맨 뒤에 수록되어 있습니다.

IELTS 소개

IELTS는 크게 네 가지 영역으로 구성되어 있습니다. Listening, Reading, Writing 그리고 Speaking으로 나누어져 있으며, 모든 영역의 지문은 대부분 실제 간행물이나 신문에서 발췌합니다. 다시 말하면, 실제 영어권 국가에서 공부를 하면서든 일을 하면서든 자연스럽게 접할 수 있는 내용이 출제됩니다.

IELTS는 그 목적에 따라서 크게 Academic module과 General training module 두 가지로 구분되어 있습니다.

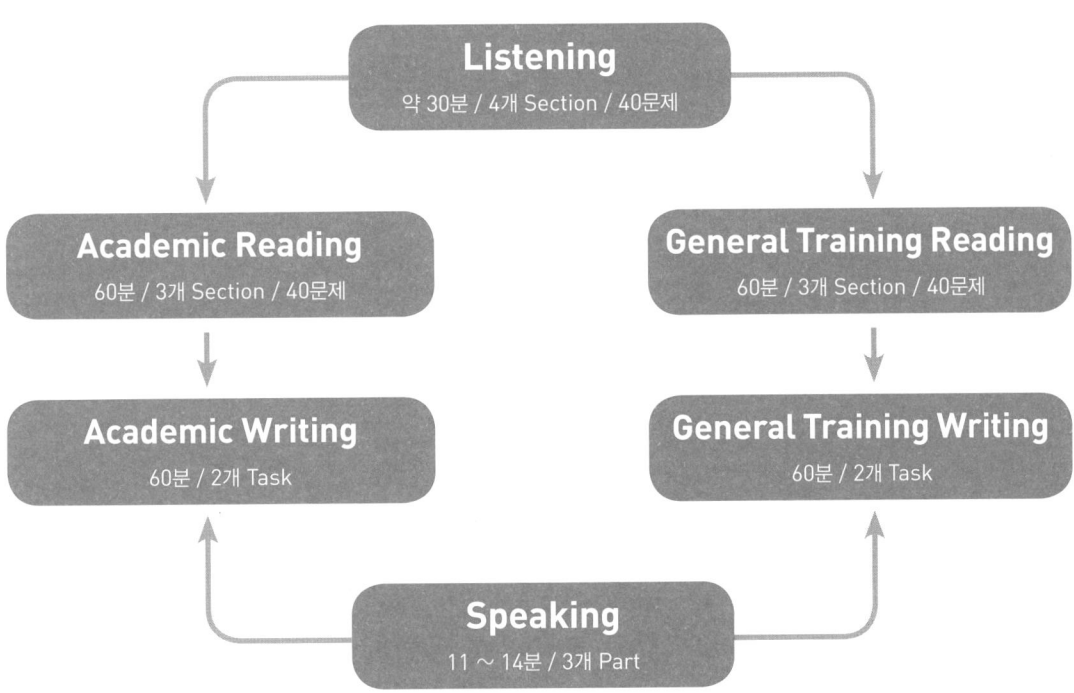

Academic Module은 영미권 대학이나 대학원 혹은 Diploma, Certificate 등의 과정을 공부하기 위해서 보는 시험입니다. 따라서, 상당히 academic한 내용이 다뤄지므로 많은 양의 단어를 알아야 하고 높은 수준의 영어실력을 필요로 합니다.

반면에, General Module은 영미권으로 이민을 가려고 하거나 영미권에서 일하기 위해 보는 시험이며, Academic에 비해서 전반적으로 실생활에서 자주 등장하는 내용을 다루고 있어서 상대적으로 Academic보다는 약간 쉽다고 느끼는 경우가 많이 있습니다.

Listening
- 구성: 4개 Section
- 소요시간: 대략 30분
- 문항수: 40문항
- Academic과 General 공통 출제

■ **문제유형: 주관식과 객관식 혼용**

① **Multiple Choice 1**

주어진 문제에 대해 A, B or C로 보기가 주어지며, 그중에서 들었던 내용과 일치하는 부분을 정답으로 고르는 유형입니다.

② **Multiple Choice 2**

주어진 문제에 대해 2개 혹은 3개를 보기에서 골라서 정답으로 고르는 유형입니다.

③ **Selecting from a List**

주어진 단어들과 문제에 나와 있는 단어들을 서로 매칭하는 유형입니다.

④ **Note Completion (Section 4)**

주어진 문제에서 빈칸에 알맞은 단어를 적는 주관식 유형입니다.

[Section 1 (10문항)]

① 일상적인 생활에서 나올 수 있는 두 사람 사이에서의 대화문이 주어집니다.
   예) 여행 스케줄, 집이나 건물의 임대, 호텔이나 병원의 예약과정, 주민회관의 프로그램 관련 등등

② 주어진 문제를 풀기 전에 30초 정도 문제를 먼저 읽을 수 있는 시간이 주어집니다.

③ 첫 시작은 예제와 함께 앞부분을 먼저 들려주고, 시작할 때 다시 앞부분부터 순차적으로 1번~10번까지 문제를 풀어나갑니다.

④ 방송의 중간쯤에 뒷부분의 나머지 문제를 읽을 시간이 대략 30초 정도 주어집니다.

[Section 2 (10문항)]

① 안내문 및 공지사항에 대해서 한 사람이 말하는 문제가 주어집니다.
   예) 특정 여행장소에서의 주의사항 및 안내문, 시설관리, 프로그램 설명 및 안내 등등

② 주어진 문제를 풀기 전에 30초 정도 문제를 먼저 읽을 수 있는 시간이 주어집니다.

③ 이 section에서는 예제가 따로 주어지지 않고, 곧바로 11번 문제부터 20번까지 순차적으로 문제를 풀게 됩니다.

④ 방송의 중간쯤에 뒷부분의 나머지 문제를 읽을 시간이 대략 30초 정도 주어집니다.

[Section 3 (10문항)]

① 대학에서의 연구과제 혹은 에세이에 관해서 두 사람 혹은 세 사람 사이에서의 대화가 주어집니다.
   예) 학생들 간 발표 준비, 튜터 와 과제 또는 논문 주제 논의 등

② 주어진 문제를 풀기 전에 30초 정도 문제를 먼저 읽을 수 있는 시간이 주어집니다.

③ 이 section에서는 예제가 따로 주어지지 않고, 곧바로 21번 문제부터 30번까지 순차적으로 문제를 풀게 됩니다.

④ 방송의 중간쯤에 뒷부분의 나머지 문제를 읽을 시간이 대략 30초 정도 주어집니다.

[Section 4 (10문항)]

① 대학에서 실제 다뤄질 수 있는 수업내용에 대하여 한 사람의 교수나 강사가 강연하는 문제가 주어집니다.
　예) 건축, 경제, 문화, 미술, 교육 등과 관련한 학술적인 강연 및 발표 등

② 주어진 문제를 풀기 전에 60초 정도 문제를 먼저 읽을 수 있는 시간이 주어집니다.

③ 다른 section들과 다르게 중간에 나머지 문제를 읽을 시간이 주어지지 않고, 31번 문제부터 40번까지 순차적으로 문제를 풀게 됩니다.

④ Listening을 들으면서 정답은 빠르게 시험지에 적고, Section 4가 다 끝나면 추가적으로 10분 정도의 시간이 주어지며, 이때 답을 답안지에 옮기면 됩니다.

공부전략

Listening은 어디까지나 듣고 쓰는 형식의 문제유형이며, 잘 들어서 그에 맞게 쓰는 것이 중요합니다. Listening 실력을 늘리기 위해서는 당연히 많이 듣고 따라서 발음하는 것이 가장 중요하다 하겠지만, 그보다도 먼저 기본적인 영어의 문장체계를 잘 알고 있어야 잘 들을 수 있습니다. 기본적인 문법체계와 문장의 구조를 모르고 듣는다면, 결코 제대로 된 Listening을 할 수 없습니다.
이 교재를 통해서 제대로 된 영어 문장의 기초 체계를 잡고, 그다음에 Listening을 연습한다면 좀 더 정확하고 빠르게 자신이 원하는 점수를 받을 수 있다고 확신합니다.

Reading

- 구성: 3개 Section
- 소요시간: 60분
- 문항 수: 40문항 (첫 번째 지문: 13문제 / 두 번째 지문: 13문제 / 세 번째 지문: 14문제)
- 한 지문당 단어의 수: 대략 800~1,000단어

■ **문제유형: 주관식과 객관식 혼용**

① **True / False / Not given (Yes / No / Not given)**

글의 내용과 주어진 문장의 내용이 서로 어떠한지 비교해서 정답을 고르는 유형입니다. 가장 까다롭고, 어려운 유형이라고 보시면 됩니다.

만약 주어진 문장이 지문에 주어진 내용과 맞는다면, TRUE(YES), 그렇지 않다면, FALSE(NO), 주어진 문장이 지문에 나와 있지 않다면, NOT GIVEN을 선택하시면 됩니다.

② **Multiple Choice**: 객관식으로 4개 중에서 1~2개를 고르는 유형

보통 4지선다형이며, 그중에서 맞는 정답을 고르는 객관식 문제라고 보시면 됩니다. 보통 보기로 명칭이나, 숫자, 이름 따위가 나옵니다.

③ **Completion(Sentence)**: 주어진 보기 중에서 선택하여 문장을 완성시키는 유형

Completion(Diagram): 표, 차트, 그림 등을 활용한 유형

주어진 문장이나 도표에 직접 단어 혹은 숫자를 기입해서 푸는 문제유형입니다.

– Sentence: 객관식 또는 주관식 (지문과 전개순서 일치)

– Diagram: 모두 주관식 (지문과 전개순서 불일치)

– 정답이 특정 단락에 몰려서 출제되는 편

④ **Matching(Matching / Classification / Locating information)**: 주어진 정보와 지문의 정보를 매칭해서 찾아내는 유형

짝짓기 형식의 문제로 지문의 흐름과 답이 나오는 순서가 일치하지 않기 때문에 시간 배분 연습이 필요합니다.

⑤ **Short Answer 문제**: 간단한 주관식 유형

100% 주관식 문제로 정확한 문제 해석이 필수이며, 특히 답안의 단어 수가 명시되어 있는 단어 수를 넘으면 무조건 오답 처리됩니다.

⑥ **Summary Completion**: 문단의 일부 또는 전체를 요약한 문장을 완성시키는 유형

글의 전반적인 흐름을 요약하는 문제로, 지문 전체 혹은 부분을 요약합니다. 개별적인 단어에만 집착하지 않고, 요약문에 주어지는 제목을 보고 지문에서 관련된 부분을 찾아서 풀어야 합니다.

⑦ **Heading 문제**: 주어진 보기 중에서 각 문장의 주제를 선택하는 유형
각 단락별 제목을 찾는 문제로서 지문의 앞뒤를 확인하고, 반복되는 idea가 무엇인지 확인하여 답변을 해야 하는 유형입니다.

General	Academic
1 hour	1 hour
3 passages	3 passages
40 questions	40 questions
social, academic, work 사회적, 직업 관련 주제 등 일상생활에 관련된 주제가 나오는데 간혹 학술적인 주제도 나옵니다.	academic 주로 학술적인 주제가 나옵니다.
easy → hard 일반적으로 그러하듯 passage 1에서 3로 갈수록 문제가 어려워져요.	easy → hard

공부전략

상당히 난이도가 있는 어휘들로 구성되어 있기 때문에, 어휘력을 증진시키는 것이 무엇보다 중요하다 하겠습니다. 하지만, 이 어휘들을 그냥 주먹구구 형식으로 암기만 한다면, 절대 자신이 원하는 독해력은 좋아지지 않습니다.

만약, 하나의 Passage 안에 있는 어휘들의 뜻을 전부 가르쳐주고, 해석해보라고 한다면 과연 얼마만큼 해석이 가능할까요? 실제로 많은 학생들이 어휘만 암기하고 독해를 풀려 하면 거의 풀지 못하는 경우가 대부분입니다. 어휘들의 단순 뜻만 갖고는 절대 완벽한 독해를 해내지 못합니다. 그 어휘들이 어떤 구조로 어떻게 묶여 있는지 파악하지 못한다면 해석 자체가 힘들어집니다.

그러므로, 이 교재의 내용을 바탕으로 문장 구조를 정확하게 익히고, 암기한 어휘들을 그에 맞게 해석(배열)을 한다면 좀 더 쉽게 독해를 해낼 수가 있다고 확신합니다.

그러다 보면 좀 더 빠르게 해석하기 위한 Skimming(한번에 빠르게 살짝 훑어보는 행위)과 Scanning(주의 깊게 살피고 세세하게 파악하는 행위) 요령이 생길 것입니다.

Writing

- 구성: 2종류의 Task
- 소요시간: 60분 (Task 1: 20분 / Task 2: 40분)
- 문항 수: 2문항

General	Academic
1 hour	1 hour
2 tasks (Task 1: 편지글 / Task 2: 에세이)	2 tasks (Task 1: 그래프 분석 / Task 2: 에세이)
Task 1(150자 이상) 한 가지의 상황이 주어지고 그에 대한 답변을 편지로 하는 유형의 문제 **Task 2**(250자 이상) 한 가지의 주제가 주어지고, 그에 대한 의견을 적어내는 에세이 형식의 문제	**Task 1**(150자 이상) 그래프나 도표가 주어지고 그에 대한 분석을 글로 나타내는 유형의 문제 **Task 2**(250자 이상) 한 가지의 주제가 주어지고, 그에 대한 의견을 적어내는 에세이 형식의 문제
Task1: 18분~20분 Task2: 40분~42분	Task1: 18분~20분 Task2: 40분~42분

공부전략

이 교재의 도움을 가장 많이 받을 수 있는 파트입니다. Writing의 기본은 자신이 갖고 있어야 할 필수 어휘들을 잘 나열해서 자신이 표현하고자 하는 문장을 만들어내는 데 있다고 봅니다. 그냥 단순한 어휘들의 배열만으로는 절대 좋은 문장을 만들 수 없으며, 상대방에게 자신의 생각을 어필하는 것도 불가능합니다.

그래서, 이 교재에서는 단순한 문장부터 조금 더 고급스러운 문장까지 구사할 수 있도록 그 체계를 잡아드리고 있습니다. 간단하지만, 필수적으로 사용할 수 있는 문장구조들을 갖고, 적재적소에 자신이 암기한 어휘들을 배열하여 자신의 생각을 좀 더 확실하게 전달할 수 있을 것입니다.

Writing은 단번에 실력이 늘지 않기 때문에 평소에 좀 더 다양한 글을 접하고, 그런 글들을 모방하여, 마지막으로는 자신이 배운 문장구조에 그런 글들을 입히는 것으로 한층 더 업그레이드된 글을 쓸 수 있을 것입니다.

Speaking

- 구성: 3개의 Part
- 소요시간: 11분~14분
- 방법: 원어민 Examiner와 1:1 대화방식
- General과 Academic 공통

■ 문제유형

① **첫 번째 문제**: 처음 대면하여 가장 단순하고 기본적인 생활수준의 인사 및 Introduction 정도로 생각하시면 되며, 대략 3분~4분 정도 소요됩니다.

② **두 번째 문제**: Presentation 문제 유형으로 준비시간 1분 및 말하는 시간 대략 3분을 포함하여 4분~5분 정도의 본격적인 시험입니다. 자신의 의견을 정리하고 난 후에 그에 대한 발표를 하는 형식이며, 정확하게 시간이 정해져 있진 않으므로 감독관이 멈추라고 할 때까지 계속 이어나가면 됩니다.

③ **세 번째 문제**: 발표가 끝난 후에 그 발표에 대한 질의 응답시간을 갖는 것으로, 조금 더 심층적인 질문이 이어지고, 수험자도 이때 감독관에게 질문을 할 수 있는 Two-Way Discussion이 됩니다..

공부전략

스피킹 시험은 감독관과 직접 대면하여 치르는 시험이기 때문에, 조금 더 떨리거나 할 수 있습니다. 하지만, 이때, 자신의 감정을 컨트롤하지 못하거나 자칫 너무 떨어서 자신의 실력을 제대로 보여줄 수 없다면 원하는 점수는 멀리 떠나버릴 것입니다.

평소에 자신이 준비해온 각종 주제들을 침착하게 하루에 1~2시간씩 매일 발표하는 연습을 한다면 아주 큰 도움이 될 것입니다. 이때, 자신이 얼마나 좋은 아이디어를 짜내느냐에 대한 점수보다 자신이 갖고 있는 평범한 아이디어를 얼마나 좋은 표현을 써서 말을 만들어서 했느냐에 따른 점수가 더욱 높습니다. 그렇기에 이 교재에서 자신이 가장 잘 사용하고 싶은 문장구조나 체계를 잘 표시해놓고, 그 부분에 대한 연습을 꾸준하게 하신다면 꼭 원하는 점수를 받을 수 있다고 확신합니다.

Part 1

문장의 종류

Unit 01 문장의 정의
Unit 02 문장의 종류

Unit 01 문장의 정의

원래 문장이라고 하면, 최소한 〈주어 + 동사〉의 형태를 이루고 있어야 합니다. 문장을 다른 말로 절이라고도 합니다. 그럼, 문장이 아닌 형태를 무엇이라고 할까요? 바로, '구'라고 합니다. '절'과 '구'라는 용어는 꼭 아셔야 합니다.

- I study English.
  나는 영어를 공부합니다.
  ◐ 주어인 I와 동사인 study가 나와서 문장(절)의 형태를 이루고 있습니다.

- My car
  나의 차
  ◐ 동사가 없기 때문에 문장이 될 수 없습니다. 이런 형태가 구입니다.

이제 우리가 말하는 절, 문장에는 어떤 종류가 있는지 살펴보도록 하겠습니다.

Unit 02 문장의 종류

01 평서문

평서문은 말 그대로 평소에 사용하는 일반적인 문장입니다. 보통 영어 문장에서는 〈주어 + 동사〉 형태로 이루어져 있습니다.

- <u>I</u> <u>go</u> to school.
  나는 학교에 갑니다.
  - 주어는 I가 되고 동사는 go이며, 문장의 형태를 이루고 있습니다.

- <u>They</u> <u>want</u> to live in Seoul.
  그들은 서울에서 살기를 원합니다.
  - 주어는 They가 되고 동사는 want이며, 문장의 형태를 이루고 있습니다.

물론, 평서문의 형태가 〈주어 + 동사〉만 있진 않습니다. 추가적인 문장의 구성은 Chapter 3에서 다루도록 하겠습니다.

02 명령문

명령문은 명령을 하는 문장으로서 우리말로 '~해라' 혹은 '~해주세요'의 의미로 사용됩니다.

- (Please) <u>go</u> to school.
  학교에 가세요.
  - 명령문의 특징은 문장의 맨 앞에 동사원형을 사용하는 것입니다. 이때, 주어는 나와 있지 않지만, 상대방에게 말하는 것이므로 You가 생략되어 있습니다.

명령문은 항상 문장의 맨 앞에 동사원형(동사를 변형하거나 뒤에 무엇을 붙이지 않는 형태)을 쓰는 것을 원칙으로 합니다.

- Goes to school. (✗)
  - 동사(go)에 -s/-es가 붙어 있습니다. 이런 문장은 명령문으로 사용할 수 없을 뿐만 아니라 올바른 영어문장이 아닙니다.

- Went to school. (✗)
  ◎ 동사(go)의 과거시제를 명령문에서는 절대로 사용할 수 없으며, 올바른 영어문장이 아닙니다.

03 부정문

부정문은 말 그대로 문장의 의미를 부정하는 것입니다. 그러기 위해서는 부정의 의미를 담고 있는 단어를 사용해야 하는 것입니다. 보통, 부정문을 만들 때 자주 사용하는 단어가 바로 not입니다.

- I go to school.
  나는 학교에 갑니다.
- ⇒ I not go to school. (✗)
  ◎ 이 문장은 문법적으로 사용할 수 없는 문장입니다.
- ⇒ I do not go to school. (○)
  ◎ 일반동사의 부정문은 항상 〈do[does, did] + not〉을 사용하는 것이 원칙입니다.

부정문을 만들 때, 어떤 단어를 어디에 넣어야 하는지는 동사의 종류에 따라 달라집니다.

1. be동사(am/are/is/was/were) 부정문

주어 + be동사 + not
⇒ be동사 뒤에 부정어 not을 넣습니다.

- She is a student.
  그녀는 학생입니다.
- ⇒ She is not(= isn't) a student.
  그녀는 학생이 아닙니다.
  ◎ is + not을 축약해서 isn't로 씁니다.

2. 조동사(will/would/can/could/may/might/should 등) 부정문

주어 + 조동사 + not
⇒ 조동사 뒤에 부정어 not을 넣습니다.

- I can go to London.
  나는 런던에 갈 수 있습니다.
⇒ I cannot(=can't) go to London.
  나는 런던에 갈 수 없습니다.
  - ◯ cannot을 축약해서 can't로 씁니다.

3. 일반동사(be동사나 조동사가 아닌 경우) 부정문

   주어 + ⟨do[does/did] + not⟩
   ⇒ 일반동사 앞에 ⟨do[does/did] + not⟩의 형태를 쓰고, 그 뒤에 동사원형을 사용합니다.

- I buy a book every day.
  나는 매일 책을 삽니다.
⇒ I do not(=don't) buy a book every day.
  나는 매일 책을 사지 않습니다.

- I bought a book.
  나는 책을 샀습니다.
⇒ I did not(=didn't) buy a book.
  나는 책을 사지 않았습니다.
  - ◯ 동사의 시제가 과거(bought: buy의 과거형태)이면 ⟨did + not⟩을 사용합니다.

- She buys a book.
  그녀는 책을 삽니다.
⇒ She does not(=doesn't) buy a book.
  그녀는 책을 사지 않습니다.
  - ◯ 주어가 3인칭 단수(She), 현재시제이면 동사(buy)에 -s/-es를 붙입니다. 그래서 부정문을 만들 때는 does + not을 사용합니다.

04 의문문

의문문은 말하는 사람이 상대방에게 질문을 하여 대답을 바라는 문장입니다. 평서문과는 순서가 다르기 때문에, 형태와 어순을 잘 알고 있어야 합니다.

- **What do you want?**
  당신은 무엇을 원하십니까?

의문문의 어순을 살펴보면, 주어와 동사의 순서가 평서문과 반대입니다.

- **I am going to school.**(평서문)
  ○ 주어인 I와 동사인 am going이 나와서 〈주어 + 동사〉의 어순이 됩니다.
- ⇒ **Where are you going?**(의문문)
  ○ 〈의문사 + be동사 + 주어 + 동사ing〉의 형태로, 주어보다 be동사가 먼저 나와서 주어와 동사가 도치(순서가 바뀜)되었습니다.

의문문의 종류는 크게 의문사가 있는 의문문과 의문사가 없는 의문문으로 나뉩니다.

1. 의문사가 있는 의문문

의문사라고 하면 질문을 할 때, 언제(when), 어디서(where), 누가(who), 무엇을(what), 왜(why), 어떻게(how) 했는지에 대해서 물어보는 것을 말합니다. 의문사가 오는 의문문은 의문사를 문장의 맨 앞에 사용하게 됩니다. 의문사 의문문의 형태는 다음과 같습니다.

> ① 의문사 + do[does/did] + 주어 + 동사원형
> ② 의문사 + 조동사 + 주어 + 동사원형
> ③ 의문사 + be동사 + 주어 + 동사ing[p.p(-ed) / 형용사 / 〈전치사 + 명사〉]
> ④ 의문사 + have[has/had] + 주어 + p.p(-ed)

- **What do you buy?**
  당신은 무엇을 삽니까?
  ○ what이라는 의문사를 문장의 맨 앞에 사용하고, 뒤에 buy라는 일반동사가 나왔기 때문에 주어 앞에 do라는 조동사를 사용한 것입니다.

※ 여기서 우리가 알고 있는 조동사와 do[does/did]는 약간 다른 종류의 조동사입니다. 흔히 알고 있는 조동사인 will, would, can, could, may, might, must, should 등은 동사의 앞에서 동사의 뜻을 도와주거나 시제를 변화시킬 수 있습니다. 하지만, do[does/did]는 동사를 의문문으로, 혹은 부정문으로 만들 때 사용하는 조동사입니다.

- I <u>can</u> swim.
  나는 수영할 수 있습니다.
  - 여기서 can은 swim이라는 동사를 약간 보충하는 혹은 도와주는 역할을 해서 '~할 수 있다'라는 능력을 보여주고 있습니다.

- I <u>don't</u> swim.
  나는 수영을 못합니다.
  - 여기서 do의 성격은 동사인 swim을 부정하기 위해 인위적으로 만들어진 동사이며, 동사 혼자서 부정을 나타내지 못하기 때문에 do가 나와서 대신해서 부정문을 만드는 것을 도와주고 있습니다. 이런 이유 때문에 다른 의미의 조동사라고 보는 것입니다.

- Where <u>have</u> you been?
  당신은 어디를 다녀오셨습니까?
  - where 의문사가 문장의 맨 앞에 나오고 주어(you)의 뒤에 been이라는 p.p(과거분사)를 사용하였기에 have 조동사를 사용해 의문문을 만들었습니다.

- Why <u>did</u> you go to London?
  당신은 왜 런던에 갔습니까?
  - why 의문사가 문장의 맨 앞에 나오고 일반동사인 go를 사용했습니다. 의문사(why)와 주어(you) 사이에는 <u>do[does/did]</u> 중의 하나를 쓸 수 있습니다. 과거를 나타내고 싶다면, 바로 did라는 조동사를 사용하면 됩니다.

- When <u>can</u> you call me?
  당신은 언제 제게 연락을 주실 수 있습니까?
  - when 의문사가 문장의 맨 앞에 나오고 주어(you)의 뒤에 나오는 동사인 call을 도와주기 위해 의문사(when)와 주어(you) 사이에 can이라는 조동사를 사용해서, '~할 수 있다'라는 의미를 더하고 있습니다.

- Who <u>did</u> you meet?
  당신은 누구를 만났습니까?
  - who 의문사가 문장의 맨 앞에 나오고 주어(you) 다음에 오는 동사가 meet이라는 일반동사이며, 시제를 과거로 사용하고 싶다면, 의문사(who)와 주어(you) 사이에 did라는 조동사를 사용하면 과거시제가 되는 것입니다.

- How <u>does</u> she know this?
  그녀가 그것을 어떻게 알고 있나요?
  ○ how 의문사가 문장의 맨 앞에 나오고 주어(she) 뒤에 know라는 일반동사를 사용하고 있습니다. 주어(she)가 3인칭 단수이기 때문에 의문사(how)와 주어(she) 사이의 조동사는 does를 사용하고 있습니다.

※ 의문사 who, what은 주어로서 사용할 수 있기 때문에 위와 다른 유형의 의문문이 만들어질 수 있습니다.

- <u>Who</u> called you?
  누가 당신에게 전화했나요?
  ○ who라는 의문사가 주어가 되어 뒤에 곧바로 동사인 called를 사용하고 있습니다.

- <u>What</u> happened?
  무슨 일이 일어났나요?
  ○ what이 주어로, 뒤에 동사인 happened라는 동사가 곧바로 왔습니다.

2. 의문사가 없는 의문문

의문사가 없는 의문문은 위에서 언급했던 의문문의 순서에서 맨 앞의 의문사만 없애고 순서대로 사용하면 의문문이 만들어집니다. 형태는 다음과 같습니다.

① do[does/did] + 주어 + 동사원형

- Do you like chocolate?
  당신은 초콜릿을 좋아합니까?

② 조동사 + 주어 + 동사원형

- Can you play the piano?
  당신은 피아노를 칠 줄 아십니까?

③ be동사 + 주어 + 동사-ing/p.p(-ed)/형용사/전치사 + 명사

- Are you happy?
  당신은 행복합니까?

④ have[has/had] + 주어 + p.p(-ed)

- <u>Have</u> you been to London?
  당신은 런던에 가본 적이 있나요?

05 도치

'도치문장'은 주어와 동사의 위치가 바뀐 문장을 말합니다.

1. There is[are] 구문

- There <u>is</u> <u>a book</u>.
  책 한 권이 있습니다.
  - ▶ 이 문장에서 주어는 동사인 is의 앞에 나온 There가 아니라 뒤에 나온 a book입니다. 이처럼 도치 구문의 가장 대표적인 문장이 바로 There is[are]입니다. 이 문장에서 a book이 주어이며, 단수형태이기 때문에 동사는 is를 사용하였습니다. 만약 주어가 a book이 아니라 books(복수형태)가 나왔다면 동사는 is가 아닌 are로 바꿔주어야 합니다.

2. 전치사가 문장의 맨 앞에 오는 경우

- Behind the door <u>is</u> <u>the man</u>.
  문 뒤에 그 남자가 있습니다.
  - ▶ 전치사인 Behind가 문장의 맨 앞에 나왔습니다. 참고로 전치사는 문장의 어느 곳에 위치해도 절대로 주어가 될 수 없습니다. 이 문장의 주어는 동사인 is 다음에 온 the man입니다. 원래 문장은 The man is behind the door.이며, 주어와 동사가 is라는 be동사를 기준점으로 서로 자리를 바꿨다고 보시면 되겠습니다. 여기서 전치사구인 behind the door는 is라는 be동사 뒤에서 주어를 보충하는 보어 역할을 하고 있습니다.
  - ☑ 문장을 강조하기 위해서 도치를 하는 경우가 제일 많으며, 혹은 주어가 너무 길 때도 도치를 할 수 있습니다. 다만, 조건이 있습니다. 바로 be동사와 같은 몇몇 자동사(동사 뒤에 목적어를 가질 수 없는 동사)가 나와야 가능합니다. 즉, 모든 동사가 도치되는 것은 아닙니다.

3. 부정어가 문장의 맨 앞에 나오는 경우

- Seldom <u>does</u> <u>he</u> clean his room.
  그는 그의 방을 거의 청소하지 않습니다.

○ Seldom(거의 ~하지 않는)이라는 부정어가 문장의 맨 앞에 나와서 주어 he와 동사 does의 위치가 바뀌었습니다. 물론, 여기서 does는 조동사로서의 역할보다는 도치를 도와주고 있습니다. 부정어 도치의 경우에는 마치 부정문과 같이 do[does/did]와 같은 조동사가 필요합니다. 하지만, be동사나 조동사의 도치를 하는 경우에는 do[does/did]가 따로 필요하지 않고 be동사나 조동사를 그대로 사용합니다.

※ 부정어를 사용한 도치의 문장 변화

· He is hardly a student.
⇒ Hardly is he a student.
　　○ be동사(is)가 도치될 때는 do[does/did]를 사용하지 않습니다.

· He can play the piano.
⇒ Hardly can he play the piano.
　　○ can 조동사가 도치될 때도 역시 do[does/did]를 사용하지 않습니다.

· He plays the piano.
⇒ Hardly does he play the piano.
　　○ 일반동사인 play가 있기 때문에 do[does/did] 중에서 하나를 써야 하는데 주어가 3인칭 단수 he이므로 does를 사용합니다. 뒤에 따라 나오는 진짜 뜻을 가진 동사인 play는 동사원형을 사용하였습니다. 앞에서 이미 3인칭 단수 does를 사용했기 때문에 뒤에 나온 동사에 다시 -s/-es를 붙이지 않습니다.
　　☑ 도치를 하는 부정어의 종류는 No/Not/None/Nor/Neither/Hardly/Scarcely/Seldom/Rarely/Barely 등이 있습니다.

06 가정법

'가정법'이란 지금 현재의 상황을 반대로 가정하거나 혹은 과거에 일어났던 상황에 대해 반대로 가정하는 것을 말합니다.

가정법의 종류는 크게 6가지로 볼 수 있습니다. 하지만 실제로 우리가 흔하게 사용하는 가정법은 1~3번으로, 가장 일반적인 유형이라고 보면 됩니다.

1. 가정법 현재(만일 ~한다면 ...할 것이다)

   If + 주어 + 현재동사, 주어 + will/can/should +동사원형
   　　　　　　　　　　　　 please + 동사원형

   - If you go to London, you can visit the British Museum.
     만약 런던에 간다면, 당신은 대영박물관을 방문할 수 있습니다.

2. 가정법 과거(만일 ~라면 ...할 텐데): 현재 사실의 반대에 대한 가정입니다.

   If + 주어 + 과거동사, 주어 + would/could +동사원형

   - If you went to London, you could visit the British Museum.
     만약 런던에 간다면, 당신은 대영박물관을 갈 수 있을 텐데요.
     ◯ 사실은 런던에 갈 수 없으니 대영박물관을 못 간다는 내용으로 이해하면 됩니다.

3. 가정법 과거완료(만일 ~했다면 ...했을 것이다): 과거 사실의 반대에 대한 가정입니다.

   If + 주어 + 과거완료(had+p.p), 주어 + would/could + have +p.p

   - If you had gone to London, you could have visited the British Museum.
     만약 런던에 갔었다면, 당신은 대영박물관을 방문했었을 텐데요.
     ◯ 과거에 런던에 가지 못했기 때문에 대영박물관을 가지 못했다는 내용으로 이해하면 됩니다.

4. Should 가정법(만일 ~한다면 ...할 것이다)

   Should + 주어 + 동사원형, 주어 + 현재동사
   　　　　　　　　　　　　　 주어 + can/will + 동사원형
   　　　　　　　　　　　　　 please + 동사원형

- Should you need any help, please contact us.
  만약 도움이 필요하다면, 우리에게 연락해주세요.

5. 가정법 과거완료의 도치

   Had + 주어 + p.p, 주어 + would/could + have + p.p

   - Had you gone to London, you could have visited the British Museum.
     당신이 런던에 갔었다면 대영박물관을 방문할 수 있었을 텐데요
     ◯ 과거에 런던에 가지 못했기 때문에 대영박물관을 가지 못했다는 내용으로 이해하면 됩니다.

6. 전치사를 이용한 가정법(~이 없이, ~을 제외하고)

   Without
   Barring } + 구(명사), 주어 + 동사
   Except for
   But for

   - Without water, we cannot live.
     만약 물이 없다면 우리는 살 수 없을 것입니다.

Exercise 다음 문장을 영작하세요.

01 나는 Paris에 가기를 원합니다.
___

02 그녀는 상당한 실력의 운전사입니다.
___

03 그들은 차 한 대를 갖고 있습니다.
___

04 그는 수영을 못 합니다.
___

05 저는 Sydney에 다녀왔던 적이 있습니다.
___

06 우리는 그 집을 사지 않았습니다.
___

07 저는 그 파티를 즐겼습니다.
___

08 그녀는 지금 영어를 공부하고 있습니까?
___

09 그는 어제 학교에 갔었습니다.
___

10 그들은 지금 함께 일하고 있습니다.
___

11 저는 책을 읽는 것을 좋아합니다.
___

Exercise 다음 문장을 영작하세요.

12 그녀는 언제 학교에 갔습니까?

13 당신은 무엇을 원하십니까?

14 그녀는 울지 않았습니다.

15 그녀가 언제 집에 오나요?

16 우리는 어제 친구들과 점심을 먹었습니다.

17 책상 위에 책이 한 권이 있습니다.

18 내가 돈이 많으면 집 한 채를 살 수 있을 텐데요.

19 만일 런던에 갔었다면, 친구들을 만날 수 있었을 텐데요.

20 돈이 없으면 우리는 음식을 살 수 없습니다.

Part 2

주어와 목적어

Unit 01 주어의 정의/위치/형태
Unit 02 목적어의 정의/위치/형태
Unit 03 주어와 목적어의 종류

Unit 01 주어의 정의/위치/형태

01 주어란?

주어는 문장의 맨 앞에 나와서 문장을 이끌어가는 역할을 합니다. 이를 테면, 아래의 문장과 같습니다.

- I go to London.
  나는 런던에 갑니다.
  ◐ 문장의 맨 앞에 나온 I가 주어입니다.

- The campaign was successful.
  그 캠페인은 성공적이었습니다.
  ◐ 문장의 맨 앞에 나온 The campaign이 주어입니다.

02 주어의 위치 및 형태

그렇다면, 문장에서 이렇게 주어로 사용할 수 있는 단어들에는 어떤 것들이 있을까요? 이제부터 주어로 사용할 수 있는 단어들의 종류에 대해서 알아보도록 하겠습니다.

영어로 말을 할 때나 글을 쓸 때 보통 맨 처음을 주어로 시작하기 때문에 주어는 문장에서 아주 중요한 역할을 합니다. 하지만 우리가 알고 있는 모든 단어들이 주어가 될 수 있을까요? 보통 우리가 쓰는 용어들 중에서 명사라는 말이 들어가는 것들은 전부 주어로 사용할 수 있습니다. 즉 명사, 동명사, 대명사, 명사절, 그리고 to부정사(명사적 용법) 등이 모두 주어로 사용될 수 있습니다.

- The desk is yellow.
  그 책상은 노란색입니다.
  ◐ 명사 The desk가 문장의 맨 앞에 나와 주어 역할을 하고 있습니다.

- Having a car is convenient.
  차를 갖고 있는 것은 편리합니다.
  ◐ 동명사 Having이 문장의 맨 앞에 나와 주어 역할을 하고 있습니다.

- That JH is a student is true.
  JH가 학생이라는 것은 사실입니다.
  - 명사절 That JH is a student가 문장의 맨 앞에 나와 주어 역할을 하고 있습니다.

- The best way to study English is to meet JH.
  영어를 공부하기 가장 좋은 방법은 JH를 만나는 것입니다.
  - 명사구 The best way to study English가 문장의 맨 앞에 나와 주어 역할을 하고 있습니다.

- She is planning to visit London.
  그녀는 런던을 방문할 계획을 세우고 있습니다.
  - 대명사 She가 문장의 맨 앞에 나와 주어 역할을 하고 있습니다.

- It is important to learn English.
  영어를 배우는 것이 중요합니다.
  - 문장의 맨 앞에 나온 It은 가주어 역할을 하고, to learn이 진주어입니다. to부정사가 문장의 진짜 주어 역할을 하고 있습니다.

Unit 02 목적어의 정의/위치/형태

01 목적어란?

문장에서 주로 동사 뒤에 오거나 전치사 뒤에 오면서 우리말로 '~을(를)'이라고 해석되는 성분을 목적어라고 합니다.

- I like an apple.
  나는 사과를 좋아합니다.
  - ◯ like라는 동사 뒤에 an apple이라는 명사를 사용해서 목적어를 나타내고 있습니다.

- Please look at me.
  제발 나 좀 보세요.
  - ◯ at이라는 전치사 뒤에 me라는 목적어를 넣어서 사용했습니다.

02 목적어의 위치 및 형태

그렇다면, 문장에서 이렇게 주어로 사용할 수 있는 단어들에는 어떤 것들이 있을까요? 이제부터 주어로 사용할 수 있는 단어들의 종류에 대해서 알아보도록 하겠습니다.

목적어는 주어와 마찬가지로 명사라는 이름이 들어간 품사들이 올 수 있습니다.

- She needs bread.
  그녀는 빵이 필요합니다.
  - ◯ needs라는 동사 뒤에 목적어로서 bread라는 명사를 사용했습니다.

- We like him.
  우리는 그를 좋아합니다.
  - ◯ like라는 동사 뒤에 목적어로서 him이라는 대명사를 사용했습니다.

- We want to see you.
  우리는 당신을 보기를 원합니다.
  - ◯ want라는 동사 뒤에 목적어로서 to see라는 to부정사(명사적 용법)를 사용했습니다.

- I enjoy cooking pasta.
  나는 파스타를 요리하는 것을 즐깁니다.
  ○ enjoy라는 동사 뒤에 목적어로서 cooking이라는 동명사를 사용했습니다.

- I know that the story is true.
  나는 그 이야기가 사실이라는 것을 알고 있습니다.
  ○ know라는 동사 뒤에 〈that + the story(주어) + is(동사) + true(형용사)〉의 완전한 문장이 따라 나와서 목적어 역할을 하고 있습니다.

그럼, 지금부터 명사, 대명사, 동명사, 명사절, to부정사의 명사적 용법 등이 어떤 문장에서 주어나 목적어로서 사용할 수 있는지 살펴보도록 하겠습니다.

Unit 03 주어와 목적어의 종류

01 명사

1. 종류

영어 문장에서 어떤 사람, 사물, 명칭 따위를 나타내는 것을 명사라고 합니다. 명사의 종류는 다음과 같습니다.

① 사물의 명칭을 나타내는 명사
⇨ computer 컴퓨터, furniture 가구, mobile phone 휴대폰 등

② 사람을 나타내는 명사
⇨ citizen 시민, people 사람들, analyst 분석가, student 학생, instructor 강사 등

③ 눈에 보이지 않지만 어떤 것을 지칭할 때 쓰는 명사
⇨ music 음악, internet 인터넷, pollution 오염, technology 기술 등

즉, 다시 말하면 명사는 말 그대로 '명(名)'이라는 뜻이 이름을 나타내기 때문에 명칭을 나타내는 품사라고 생각하면 됩니다. 그래서 이렇게 명칭을 나타내는 단어들을 문장의 맨 앞에서 주어로 사용할 수 있습니다.

- Children should drink milk.
  아이들은 우유를 마셔야 합니다.
  ◐ 이 문장에서 맨 앞에 쓰인 children(아이들)이라는 명사가 주어로서 사용되었습니다.

혹은 동사의 뒤나 전치사의 뒤에서 목적어로 사용할 수 있습니다.

- We respect our parents.
  우리는 부모님을 존경합니다.
  ◐ respect라는 동사 뒤에 목적어로서 〈our(소유격) + parents(명사)〉가 사용되었습니다.

- I deal with enquiries.
  저는 문의사항들을 처리합니다.
  ◐ with라는 전치사의 뒤에 목적어로서 enquiries라는 명사를 사용하였습니다.

2. 명사의 사용에 있어서 주의해야 할 사항

① 명사의 단·복수 사용

명사에는 단수와 복수가 있습니다. 명사는 말 그대로 명칭을 말하는데, 만약 하나만 말하고자 한다면 하나의 단수로 사용해야 하고, 그렇지 않고 둘 이상을 말할 때는 복수로 사용해야 합니다.

- **A student** 한 명의 학생 ⇒ '학생 한 명'을 나타내려면 a[an]을 사용해야 합니다.
- **Students** 둘 이상의 학생들 ⇒ '둘 이상'을 나타내려면 복수의 의미로서 명사에 -s/-es를 붙이면 됩니다.

② 주어와 동사의 수일치

여기서, 또 한 가지 명심해야 할 부분이 있습니다. 그것이 바로 명사가 단수인지, 복수인지에 따라서 동사의 형태도 결정된다는 것입니다. 동사에 대해서 아직 배우지 않았지만, 간단하게 소개를 하도록 하겠습니다.

- 주어(3인칭 단수명사) ⇒ 동사에 -s/-es를 붙입니다.
- 주어(2인칭 You 또는 복수명사) ⇒ 동사에 -s/-es를 붙이지 않습니다.

- **A student** want**s** to go to London.
  한 명의 학생이 런던에 가기를 원합니다.
  ⊙ A student(주어)가 단수명사이기 때문에 단수동사의 형태(want + -s)를 사용했습니다.

- **A student is** studying.
  한 명의 학생이 공부를 하고 있습니다.
  ⊙ A student(주어)가 단수명사이기 때문에 단수형태의 be동사 is를 사용하였습니다.

- **Students** want to go to London.
  학생들이 런던에 가기를 원합니다.
  ⊙ Students(주어)가 복수명사이기 때문에 동사 want에 -s를 붙이지 않고 사용합니다.

- Students are studying.
  둘 이상의 학생들이 공부를 하고 있습니다.
  - Students(주어)가 복수명사이기 때문에 복수형태의 be동사 are를 사용하였습니다.
    - 단수명사나 복수명사나 주어에 있어서의 차이점은 있지만 뒤에 따르는 의미는 변하지 않습니다.

IELTS 문장 맛보기 + 다시 써보기

주어 부분이 두 단어 이상일 때, 〈전치사 + 명사〉 혹은 to부정사의 형태는 수식어구라서 주어가 될 수 없으므로 생략하고 그 앞에 나온 명사가 주어가 됩니다.

- Sales for 2010 are approximately £10 million.
  2010년의 판매가 대략 천만 파운드에 이릅니다.

⇨ _____

- Many countries rely on tourism as a source of income.
  많은 나라들이 수입의 원천으로 관광업에 의존하고 있습니다.

⇨ _____

- One benefit to learning English is that it makes it easy to travel all over the world.
  영어를 배우면서 생기는 하나의 이점은 전 세계를 여행하기가 쉽다는 것입니다.

⇨ _____

- The number of wild plant species in Asia is more than 50,000.
  아시아에 있는 야생식물 종들의 수가 5만 개 이상입니다.

⇨ _____

- The size of the building was increased significantly.
  그 빌딩의 크기가 상당히 커졌습니다.

⇨ _____

- A growing population causes several problems.
  점점 증가하는 인구가 몇몇의 문제들을 일으킵니다.

  ⇨ _____

- One of my friends teaches math to high school students.
  제 친구들 중 한 명이 고등학생들에게 수학을 가르칩니다.

  ⇨ _____

- The machine verifies that you are the card owner.
  그 기계가 당신이 카드 주인이라는 것을 증명하고 있습니다.

  ⇨ _____

- The best way to solve the problems under such circumstances is to contact your immediate supervisor.
  이런 상황에서 그 문제들을 해결하는 가장 좋은 방법은 당신의 직속 상관에게 연락하는 것입니다.

  ⇨ _____
  _____

- A decrease in consumer demand leads to lower sales.
  고객수요의 감소는 더 적은 판매로 이어지고 있습니다.

  ⇨ _____

- One of the buildings overlooks the Hudson River.
  빌딩들 중 하나는 허드슨강이 내려다보입니다.

  ⇨ _____

- The survey shows that online shopping is becoming more popular.
  그 연구는 온라인 쇼핑이 점점 더 인기가 많아진다는 것을 보여줍니다.

  ⇨ _____

- A good method for losing weight is to cut sugar out of your diet.
  체중을 줄이는 좋은 방법은 당신의 식사에서 설탕을 줄이는 것입니다.

  ⇨ _____

3. 가산명사와 불가산명사

명사는 크게 가산명사와 불가산명사로 나누어집니다. 명사가 주어로 사용되든, 목적어로 사용되든 같은 규칙에 적용됩니다.

① 가산명사

일반적으로 가산명사라고 하면 셀 수 있는 명사를 뜻하며, 절대로 단독으로 쓰이지 못합니다. 예를 들어, student라는 단어는 가산명사인데, 문장에서 혼자 사용해보도록 하겠습니다.

- ~~Student~~ needs to study.
⇒ Students need to study.
  학생들은 공부해야 합니다.
  ○ 이 문장에서 student는 가산명사인데, 주어자리에 단독으로 나왔습니다. 영어문장에서 가산명사는 절대로 단독으로 사용할 수 없습니다.

- I sent ~~letter~~.
⇒ I sent a letter.
  나는 편지를 보냈습니다.
  ○ sent라는 동사 뒤에 letter(편지)라는 명사가 목적어로 사용되었습니다. 역시 단독으로 사용할 수 없습니다.

그럼, 이 문제를 해결하기 위해 명사 형태를 어떻게 만들어야 사용이 가능할까요? 아래의 예문을 통해 살펴보겠습니다.

- A student needs to study.
  학생은 공부해야 합니다.
  ○ A student처럼 가산명사의 앞에 a[an/the]라는 관사를 같이 사용해야 합니다.

- Students need to study.
  학생들은 공부해야 합니다.
  ○ Students처럼 가산명사 뒤에 -s/-es를 붙여서 복수로 사용해야 합니다.

- Our student needs to study.
  우리의 학생(들)은 공부해야 합니다.
  ○ Our student처럼 가산명사의 앞에 소유격(our) 형태를 같이 사용해야 합니다.

IELTS 문장 맛보기 + 다시 써보기

• <u>An advertisement</u> can help to boost sales.
광고는 판매를 증가시키는 데 도움을 줄 수 있습니다.

⇨ _____

② 불가산명사
불가산명사는 말 그대로 셀 수 없는 명사를 말하는데, 보통 일반화되어 있는 명사들이 여기에 속합니다. 그냥 막연히 눈에 보이지 않아서 셀 수 없다고 하기보다는 어떤 셀 수 있는 명사들을 총칭하여 부르는 명사들을 불가산명사의 종류에 포함시키고 있다고 생각하시면 됩니다.

예를 들면, chairs(의자), desks(책상) 등은 분명 셀 수 있는 명사이지만, 이런 것들을 모아서 우리가 가구(furniture)라고 말한다면 바로 불가산명사가 되는 것입니다.

또 다른 예를 들어보면, bags(가방), suitcase(짐가방) 등은 셀 수 있는 명사이지만, 이런 것들을 모아서 짐(luggage, baggage)이라고 말한다면 역시 이것도 불가산명사가 되는 것입니다.

그럼, 여기서 불가산명사의 특징은 어떤 것이 있는지 살펴보도록 하겠습니다.

❶ 불가산명사는 <u>혼자서 단독으로 사용할 수 있습니다</u>.
❷ 불가산명사의 앞에는 <u>a[an]이라는 관사를 사용할 수 없습니다</u>.
❸ 불가산명사 뒤에 <u>복수를 나타내는 -s/-es를 붙일 수 없습니다</u>.
❹ 불가산명사는 <u>정관사인 the와 사용할 수 있습니다</u>.

• Furniture needs assembly.
가구는 조립을 필요로 합니다.

◯ Furniture라는 단어가 문장의 맨 앞에서 주어로 사용되고 있으며, 불가산명사이기 때문에, 항상 단수로 사용해야 합니다. 그래서 뒤에 나오는 동사인 need에 -s/-es를 붙인 단수형태의 동사를 사용했습니다.

• The furniture is beautiful.
가구가 아름답습니다.

◯ The furniture처럼 불가산명사가 주어로 왔을 때, 정관사인 the와 같이 사용해도 무방합니다. 역시 이때에도 동사는 항상 단수형태의 동사를 사용해야 하기 때문에, is라는 be동사를 사용하고 있습니다.

Unit 03

- Our furniture is good.
  우리 가구는 좋습니다.

  ○ Our furniture처럼 불가산명사가 주어로 왔을 때, 소유격과 함께 쓸 수 있습니다. 문장의 맨 앞에 소유격이 나와도 진짜 주어인 furniture라는 불가산명사가 나왔기 때문에, 동사는 역시 is라는 단수 동사가 쓰였습니다.

■ 불가산명사의 종류

> information 정보, equipment 장비, furniture 가구, water 물, cheese 치즈, advice 조언, 충고, music 음악, art 예술, love 사랑, happiness 행복, advice 충고, information 정보, news 뉴스, rice 쌀, sugar 설탕, butter 버터, water 물, electricity 전기, gas 가스, power 힘, money 돈, currency 화폐

IELTS 문장 맛보기 + 다시 써보기

- Information on water pollution can be found on the website.
  수질오염에 관한 정보는 웹사이트에서 확인할 수 있습니다.

  ⇨ _____

- Equipment should be checked on a daily basis.
  장비는 매일매일 검사되어야 합니다.

  ⇨ _____

02 대명사

대명사라고 하는 말을 되새겨 본다면 어떤 의미인지 충분히 알 수 있을 것입니다. 앞에 이미 나왔던 명사를 뒤에 다시 반복하고 싶지 않아서 이를 대신해서 쓰는 것이 바로 대명사입니다.

- Mr. Kim is a student and he is very kind.
  Kim 씨는 학생이며, 그는 상당히 친절합니다.
  ○ 첫 번째 문장에서 Mr. Kim을 언급하고, 두 번째 문장에서 다시 한 번 Mr. Kim을 언급을 해야 하는데 Mr. Kim이 반복됩니다. 이때 he라는 대명사로 바꿔서 사용했습니다.

대명사의 종류는 상당히 많이 있지만, 실제로 영어문장에서 자주 사용하는 대명사의 종류와 사용법을 알아보겠습니다.

1. 인칭대명사

대부분의 독자들은 인칭대명사라고 하면 단순히 사람을 나타내는 말이라고 생각하는데, 전혀 그렇지 않습니다. 인칭대명사는 말 그대로 사람을 나타내는 것이 아니고, 인칭을 나타내는 것입니다. 그러니까, 말하는 사람의 시점을 나타내는 것입니다. 즉, 나(혹은 나를 포함한 우리)를 말하는 것이면 1인칭이고, 당신(혹은 너)을 말하는 것이면 2인칭이고, 마지막으로, 나와 너를 뺀 나머지는 3인칭이라고 보시면 됩니다. 인칭대명사는 모두 3가지의 격이 있습니다. 여기서 격이라고 하는 것은 문장에서 각각 어떤 용도로 사용했는지를 나타내는 것입니다.

① 주격

문장의 맨 앞에 나와서 주어의 역할을 대신한다고 해서 주격이라고 합니다.

- I am listening to music.
  나는 음악을 듣고 있습니다.
  ○ 여기서는 주어자리에 I라는 인칭대명사를 사용하고 있기 때문에 주격이라고 합니다.

② 목적격

보통 동사 뒤에서 혹은 전치사의 뒤에서 목적어의 역할을 하기 때문에 목적격이라고 말합니다.

- She likes me.
  그녀는 나를 좋아합니다.
  ○ likes라는 동사의 목적어에 me라는 인칭대명사를 사용하고 있기 때문에, 목적격이라고 합니다.

③ 소유격

뒤에 명사가 따라와서 그 명사의 소유를 나타내고 싶을 때 사용하기 때문에 소유격이라고 말합니다.

- He wants my car.
  그는 나의 차를 원합니다.
  ○ wants라는 동사의 목적어에 my car가 목적어 역할을 하고 있는데, car라는 명사의 앞에 누구의 차인지를 설명하기 위해 my라는 소유를 의미하는 대명사를 넣었기 때문에 소유격이라고 합니다.

인칭	수/성별		주격	소유격	목적격
1인칭	단수		I	my	me
	복수		we	our	us
2인칭	단수		you	your	you
	복수		you	your	you
3인칭	단수	남성	he	his	him
		여성	she	her	her
		중성	it	its	it
	복수		they	their	them

IELTS 문장 맛보기 + 다시 써보기

- We have to build up our fitness level through regular exercise.
  우리는 정기적인 운동을 통해서 우리의 신체 건강 정도를 올려야 합니다.

⇨ _____

- I just walked into the hospital.
  나는 병원으로 걸어 들어갔습니다.

⇨ _____

2. 소유대명사

소유대명사는 〈소유격 + 명사〉를 통합해서 사용하기 때문에 붙여진 이름입니다. 예를 들어, my라는 소유격과 뒤에 따라오는 car라는 명사를 따로 쓰고 싶지 않고, 두 가지를 통합해서 사용하려면 다른 새로운 대명사를 만들어야 하는데, 그것이 바로 소유대명사입니다.

- This is <u>my car</u>.
  이것은 제 차입니다.

⇒ This is mine.
  이것은 제 것입니다.

  ◯ 소유격인 my와 car라는 명사가 만나서 이 둘이 합해져서 mine이라는 새로운 소유대명사가 탄생하게 된 것입니다. 참고로, 소유대명사 뒤에는 절대로 명사를 쓰지 않습니다.

IELTS 문장 맛보기 + 다시 써보기

- Because I had finished my assignment, I helped to finish <u>hers</u>.
  나는 나의 과제를 다 끝냈기 때문에, 그녀의 과제를 끝내는 것을 도왔습니다.

⇨ _____

  ◯ 앞에서 〈my(소유격) + assignment(명사)〉의 형태가 언급되고, 맨 뒤에서 〈her(소유격) + assignment(명사)〉를 언급하는 경우에 같은 단어가 반복되므로, 뒤에 나온 〈소유격 + 명사〉는 간단하게 소유대명사인 hers로 변경하여 사용합니다.

3. 재귀대명사

재귀(다시 돌아가다)대명사는 말 그대로의 뜻을 따라 '앞의 명사로 돌아간다'라는 의미로 보면 됩니다. 일반적으로 재귀대명사는 거의 주어에 일치해서 쓰입니다.

① 재귀대명사의 형태
⇨ -self(단수형태)/-selves(복수형태)

② 재귀대명사의 위치
a. 주어 + 동사 + ----- + (by + 재귀대명사)

- I studied French by myself.
  저는 혼자 힘으로 프랑스어를 공부했습니다.

  ◯ 문장의 맨 마지막에 by라는 전치사와 myself라는 재귀대명사가 만나서 '혼자 힘으로'라는 의미로

사용되었습니다. 물론, 〈by + 재귀대명사〉는 생략 가능합니다. 참고로, by라는 전치사 없이 재귀대명사만 사용해도 강조로서 생략 가능합니다.

b. 주어 + 재귀대명사 + 동사 -----

· She herself overcame injury.
　그녀는 부상을 스스로 극복했습니다.
　　◯ 문장에서 주어와 동사 사이에 재귀대명사 herself를 넣어서 부사처럼 의미를 부가하고 있습니다. 물론 여기서 herself는 생략이 가능합니다.

c. 주어 + 동사 + 목적어(재귀대명사)

· I proved myself innocent.
　나는 내 자신이 무죄라는 것을 증명했습니다.
　　◯ proved라는 동사의 뒤에 목적어로서 myself라는 재귀대명사를 사용하였으며, 이때는 생략이 불가능합니다.

인칭	수/성별		주격	소유격	목적격	소유대명사	재귀대명사
1인칭	단수		I	my	me	mine	myself
	복수		we	our	us	ours	ourselves
2인칭	단수		you	your	you	yours	yourself
	복수		you	your	you	yours	yourselves
3인칭	단수	남성	he	his	him	his	himself
		여성	she	her	her	hers	herself
		중성	it	its	it	–	itself
	복수		they	their	them	theirs	themselves

4. 부정대명사

부정대명사(不定代名詞)는 '아니다'라는 부정(否定)을 의미하는 것이 아니라, 정확히 몇 개인지 정해지지 않은 수나 양을 나타내는 단어들을 말합니다. 예를 들면, some이라는 단어는 '정확히 몇 개인지 모르지만, 몇 개 정도'의 뜻을 나타내고 있습니다. 그래서 이런 종류의 단어가 부정대명사가 될 수 있습니다. 부정대명사에는 one, ones, another, some, (the) other, (the) others, each other 등이 있습니다.

- I want another (car).
  나는 또 다른 하나(차)를 원합니다.
  ◐ want라는 동사 뒤에 another(또 다른 하나)라는 부정대명사가 목적어 역할을 하고 있습니다.

또한, 부정형용사가 있는데 어느 정도의 수나 양을 나타냅니다. 부정대명사 혹은 부정형용사로 사용할 수 있습니다. all, most, many, much, some, several, some, any, both, either, neither, one, each, none 등이 이에 해당합니다.

- Some of the people visited London.
  그 사람들 중 몇 명이 런던을 방문했습니다.
  ◐ 정확한 수나 양을 나타내지 않고 막연하게 표현할 때 사용합니다. some of the people은 '그 사람들 중 몇 명'의 뜻으로 주어 역할을 하고 있습니다.

① 부정대명사의 활용

a. 둘 중에서 하나: one
   나머지 하나: the other

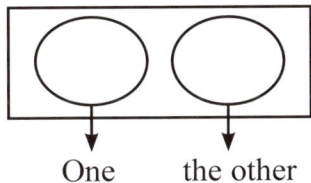

b. 셋 중에서 하나: one
   셋 중에서 또 다른 하나: another
   셋 중에서 나머지 하나: the other

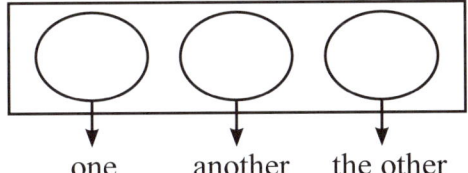

c. 넷 중에서 하나: one
   넷 중에서 나머지 모두: the others

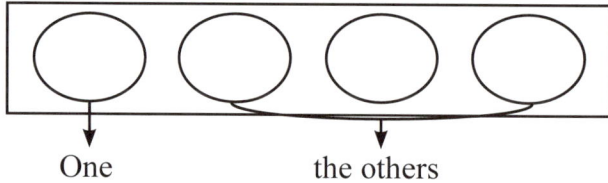

d. 다수 중에서 약간: some
   다수 중에서 다른 것들: others

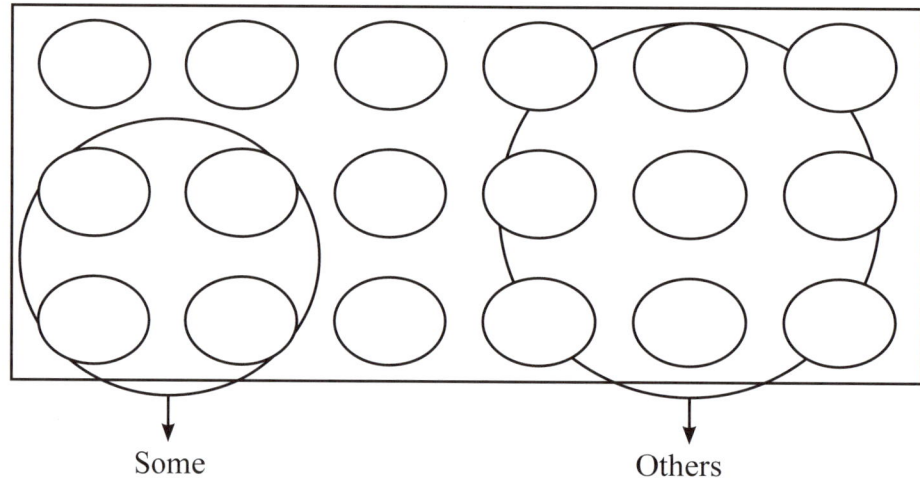

e. 다섯 중에서 처음 두 개: two 혹은 some
   다섯 중에서 나머지 모두: the others

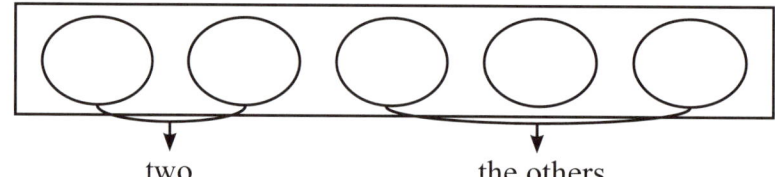

② 부정대명사의 형용사로서의 활용

우리가 흔하게 사용하는 부정형용사들은 뒤에 〈of the + 명사〉 형태를 쓰거나 〈of + 소유격 + 명사〉 형태가 따라오면 부정대명사로서 사용하게 되는 것입니다.

another + 단수명사	앞에 an이 보이니 뒤에는 단수명사
(the) other + 복수명사/불가산명사	앞에 a/an이 없으니 뒤에는 복수명사/불가산명사가 가능하다(단수명사)
(the) others + ~~명사~~	(the) other + 명사가 합해서 (the) others가 된 것이므로 뒤에는 명사가 오지 않음
each other (= one another) + ~~명사~~	each나 every 다음에는 단수명사가 나오는데, 이때 뒤에 나온 other가 이미 명사의 자리에서 그 역할을 하고 있으니, 뒤에 또 다른 명사가 나오지 않음

- I met many of the students in London.
  나는 런던에서 많은 학생들을 만났습니다.
  - ○ met이라는 동사 뒤에 many of라는 부정대명사를 사용하여 목적어 역할을 하고 있습니다.
    - ☑ 물론, many students라고 사용해서 many를 부정형용사로서 사용해도 약간의 속 의미나 품사 이름만 바뀔 뿐 큰 차이점은 없습니다.

- Some of the schools are closed.
  몇몇의 학교들은 문이 닫혀 있습니다.
  - ○ Some of the schools가 문장의 맨 앞에서 주어 역할을 하는데 이때 부정대명사 Some은 실제 해석으로는 형용사 역할을 하며 주어로서의 역할을 하지 못합니다. 그 뒤에 따라 나오는 복수명사 schools가 주어가 되기 때문에, 복수형태의 be동사인 are를 사용하였습니다.

③ 부정대명사의 수일치

[all, most, many, much, some, any, several, both] + of the + 명사
⇒ 명사에 수일치

- All of the students want to study English.
  모든 학생들이 영어 공부하기를 원합니다.
  - ○ All of the students가 주어로 문장의 맨 앞에 있으며, 명사인 students가 복수이므로 뒤에 따라 오는 동사인 want도 복수형태로 사용하였습니다.

- Much of the information is included.
  많은 정보가 포함되어 있습니다.
  - ○ Much of the information에서 information이 불가산명사이며 단수로 사용되었기 때문에 뒤에 따라오는 동사도 is라는 단수동사를 사용하였습니다.

[one, each, neither, either] + of the + 명사
⇒ 단수 취급

- Each of the employees needs to take a rest.
  각각의 직원들은 휴식을 취해야 합니다.
  - ○ Each of the employees에서 문장의 맨 앞에 each가 나왔기 때문에 그 뒤에 복수형태의 명사(employees)가 따라와도 단수로 취급합니다. 그래서 동사인 need에 -s/-es를 붙여서 단수동사를 사용하였습니다.

IELTS 문장 맛보기 + 다시 써보기

- All of the schools should spend more money on teacher benefits.
  모든 학교들이 교사 복지에 더 많은 돈을 써야 합니다.

  ⇨ _____

- Many of the board members should accept a pay cut.
  이사회의 많은 사람들이 임금 삭감을 받아들여야 합니다.

  ⇨ _____

- Some of the students want to study abroad.
  학생들 중 몇몇은 해외로 공부하러 가기를 원합니다.

  ⇨ _____

03 동명사

동명사는 말 그대로 동사와 명사를 합해서 쓰는 것을 말합니다. 동명사는 동사의 성질과 명사의 성질을 둘 다 갖고 있으며, 보통 명사가 오는 자리에 동명사가 오는 경우가 많이 있습니다. 동명사는 '~하는 것'으로 해석하면 됩니다. 동명사의 형태는 〈동사원형 + -ing〉이며 문장에서 명사가 할 수 있는 역할을 수행할 수 있습니다.

1. 동명사의 형태

① 어떤 단어가 〈모음 + 자음〉으로 끝나면 자음을 하나 더 붙이고 그 뒤에 -ing를 붙입니다. begin이라는 동사를 동명사로 만들고 싶다면, beginning라고 써야 합니다.

② 〈모음 + -y〉로 끝나면 그대로 뒤에 -ing를 붙이면 됩니다. play라는 동사를 동명사로 만들고 싶다면 playing라고 쓰면 됩니다.

③ -e로 끝나는 단어는 -e를 빼고 -ing를 붙입니다. close라는 동사는 closing이라고 쓰면 됩니다.

④ 〈자음 + 모음 + 자음〉으로 끝나는 단어는 맨 끝의 자음을 하나 더 붙이고 -ing를 붙입니다. shop이라는 단어는 shopping이라고 쓰면 됩니다.

⑤ -ie로 끝나는 단어는 -y로 고치고 -ing를 붙이면 됩니다. tie라는 단어는 tying으로 쓰면 됩니다.

2. 동명사의 역할

① 주어 역할

- Having two cars is convenient.
  차를 두 대 갖고 있는 것은 편리합니다.

  ◎ 문장의 맨 앞에 Having이라는 동명사가 주어이며 동사는 단수형태인 is를 사용하였습니다.

  ☑ 동명사가 문장의 맨 앞에 나오면, 항상 단수로 취급되어야 하는데, 그 이유는 단순합니다. 주어가 복수 형태가 되려면 그 자체의 명사가 복수를 나타내거나 아님 명사 뒤에 -s/-es를 붙여서 복수로 만들어야 하는데, 동명사는 그 자체로도 복수가 아니고, 동명사 뒤에 -s/-es를 붙일 수 없기 때문에 복수형태를 만들 수도 없습니다. 참고로, 모든 영어의 품사 중에서 -s/-es를 붙일 수 있는 품사는 딱 두 가지입니다. 바로 명사와 동사입니다. 동명사는 -s/-es를 붙일 수 없기 때문에 항상 단수로만 사용되는 것입니다.

② 목적어 역할

- I enjoy reading a book.
  나는 책을 읽는 것을 즐깁니다.
  - 동사인 enjoy 다음에 목적어로서 동명사인 reading을 사용하고 있습니다.
    - ☑ 동명사를 목적어로 갖는 동사들 → enjoy, finish, suggest, consider, mind, keep, avoid, discontinue 등

- I am thinking of buying a car.
  나는 차를 한 대 사려는 생각을 하고 있습니다.
  - 전치사인 of 다음에 목적어로서 buying이라는 동명사를 사용하고 있습니다.

3. 동명사의 개념 이해

① 동명사는 뒤에 목적어로 명사를 취할 수 있습니다. 물론, 모든 동명사가 뒤에 목적어를 취하는 것은 아니지만, 타동사(목적어 필요)가 동명사가 되면 뒤에 목적어가 따라나와야 합니다.

- I enjoy eating chocolate.
  저는 초콜렛을 먹는 것을 즐깁니다.

② 동명사의 앞에는 관사를 사용할 수 없습니다. 동명사는 엄연히 명사가 아니기 때문에 절대로 관사와 어울릴 수 없습니다.

- I suggest a waiting for him.
  저는 그를 기다릴 것을 제안합니다.

③ 동명사의 해석은 '~을 하는 것'으로 되며, 주어로 사용하면 항상 단수 취급을 합니다. 동명사는 절대로 -s/-es를 붙여서 복수형태로 만들 수 없기 때문입니다.

- Buying two houses costs a lot.
  집을 두 채 사는 것은 비용이 많이 듭니다.

IELTS 문장 맛보기 + 다시 써보기

- <u>Using</u> a computer <u>helps</u> me search for some important information.
  컴퓨터를 사용하는 것은 내가 어떤 중요한 정보를 찾는 데 도움을 줍니다.

  ⇨ _____

- <u>Reading</u> a newspaper <u>is</u> a good way to keep up-to-date with world events.
  신문을 읽는 것은 세계에서 최근에 일어나는 일들에 대해 알 수 있는 좋은 방법입니다.

  ⇨ _____

- <u>Cooking</u> with coconut oil <u>brings</u> many health benefits.
  코코넛오일을 갖고 요리하는 것이 많은 건강혜택을 가져옵니다.

  ⇨ _____

04 명사절

1. 명사절의 정의 및 형태

명사절은 명사의 역할을 하는 문장이라고 생각하시면 됩니다. 즉, 다시 말하면 명사절은 명사가 문장에서 할 수 있는 역할인 주어, 목적어, 보어의 모든 역할을 할 수 있으며, 다만 형태가 단순히 하나의 단어로서 나온 것이 아니라 〈주어 + 동사〉의 문장 형태로 나왔기에 절이라고 말합니다.

☑ 구는 〈주어 + 동사〉의 문장 형태가 아닌 것을 말합니다.

- I <u>know</u> that Jaehan is nice.
  나는 Jaehan이 친절하다는 것을 알고 있습니다.

  ◐ know라는 동사 뒤에 that Jaehan is nice라는 문장이 따라왔으며, 그 문장의 역할이 동사 뒤에서 목적어 역할을 하기 때문에 명사절이라고 합니다.

- That Jaehan studies every day <u>makes</u> me happy.
  Jaehan이 매일 공부한다는 것이 나를 행복하게 만들어줍니다.

  ◐ 이 문장에서 That Jaehan studies every day가 문장의 형태를 갖고 있으며, makes라는 동사의 주어 역할을 하고 있습니다. 그래서 이것을 명사절이라고 합니다.

☑ 명사절은 항상 단수로 취급합니다. 그 이유는 역시 명사절 자체에 –s/–es를 붙일 수 없기 때문입니다. 그래서 위의 예문에서도 makes라는 단수형태의 동사를 사용하고 있습니다.

- The best way to study English is that you meet Jaehan.
  영어공부하기에 가장 좋은 방법은 Jaehan을 만나는 것입니다.
  ◯ 이 문장에서 is라는 be동사 뒤에 that you meet Jaehan이라는 명사절이 보어(보충해주는 역할)가 되어서 사용되었습니다.

2. 명사절의 특징

여기서 우리가 생각해봐야 할 것은 과연 명사절은 〈that + 주어 + 동사〉의 형태만 있는 것인가?에 대한 질문입니다. 결론은 '그렇지 않다'입니다. 명사절이 말 그대로 명사의 역할을 하는 문장이라는 생각을 갖고 보면 상당히 많은 명사절이 있습니다.

- I know who you are.
  나는 당신이 누구인지 알고 있습니다.
  ◯ know라는 동사 뒤에 목적어로서 who you are라는 명사절이 사용되었습니다.

- I know what you did.
  나는 당신이 무엇을 했는지 알고 있습니다.
  ◯ know라는 동사 뒤에 목적어로서 what you did라는 명사절이 사용되었습니다.

이렇게 명사절은 명사의 역할(주어, 목적어, 보어)을 하면서 문장의 형태로 나타내는 것입니다. 그렇다면, 명사절의 특징을 살펴보겠습니다.

① 명사절에서 완전한 문장을 사용하는 경우 – that, whether, when, where, how, why 등

- I think that we should share our ideas.
  우리는 아이디어를 서로 공유해야 한다고 생각합니다.
  ◯ think라는 동사 뒤에 that절이 나왔고 그 안에 들어가 있는 문장이 〈주어(we) + 조동사(should) + 동사(share) + 목적어(our ideas)〉의 형태로 완전한 문장이 사용되었습니다.

- Please let me know whether you buy a laptop.
  당신이 노트북을 살지에 대해서 알려주세요.
  ◯ 동사 know 뒤에 목적어로서 〈whether + 주어 + 동사 + 목적어〉를 사용하고 있으며, 안에 들어가 있는 문장이 〈주어(you) + 동사(buy) + 목적어(a laptop)〉 형태로 완전한 문장입니다.

☑ 보통 완전한 문장이라고 한다면, 〈주어 + 동사 + 목적어〉의 기본적인 형태가 모두 나왔을 때를 말하지만, 동사의 종류에 따라서 어떤 경우에는 〈주어 + 동사(자동사)〉의 형태만으로도 완전한 문장이 나올 수 있습니다. 이 부분에 대해서는 동사 편에서 자세히 설명하도록 하겠습니다.

- I don't know when she will come.
  나는 그녀가 언제 돌아올지 모릅니다.
  ○ when she will come이라는 문장이 동사 know의 목적어 역할을 하고 있으며, 또한 when 다음에 따라오는 문장이 완전합니다. 여기서, come은 자동사로서 뒤에 원래 목적어가 없는 완전한 형태의 동사입니다.

- She knows where I found her bag.
  그녀는 내가 어디서 그녀의 가방을 찾았는지 알고 있습니다.
  ○ where I found her bag이라는 문장이 동사 knows의 목적어 역할을 하며, where 다음에 따라오는 문장이 완전합니다.

- She knows where her bag is.
  그녀는 그녀의 가방이 어디 있는지 알고 있습니다.
  ○ where her bag is라는 문장이 동사 knows 뒤에서 목적어 역할을 하고 있으며, where 다음에 오는 문장이 불완전합니다.
    ☑ where 다음에 오는 문장은 완전한 문장이 나올 수도 있지만, 〈주어 + be동사〉의 형태로 나오면 불완전한 문장이 나올 수 있습니다.

- I remember how I made a kite.
  나는 어떻게 연을 만들었는지 기억합니다.
  ○ how I made a kite라는 문장이 동사 remember 뒤에서 목적어 역할을 하고 있으며, how 다음에 오는 문장이 완전합니다.

- This is why I was late.
  이것이 내가 왜 늦었는지에 대한 이유입니다.
  ○ why I was late라는 문장이 is라는 be동사의 뒤에서 보어 역할을 하고 있으며, why 다음에 나온 문장이 완전합니다.

② 명사절에서 불완전한 문장을 사용하는 경우 – **who/what**

- What I like is a pencil.
  내가 좋아하는 것은 연필입니다.
  - ⭕ what절이 문장의 맨 앞에 나와서 주어로서 역할을 하고 있으며, 그 안에 들어가 있는 문장이 〈주어(I) + 동사(like)〉로 목적어가 없는 불완전한 문장입니다.

- I know who you met yesterday.
  나는 당신이 어제 누구를 만났는지 알고 있습니다.
  - ⭕ know라는 동사 뒤에 who절이 사용되었으며, 그 안에 들어가 있는 문장에서 동사 met의 목적어가 없으므로 불완전한 문장이 왔습니다.

IELTS 문장 맛보기 + 다시 써보기

- That you help the poor is necessary.
  당신이 어려운 사람들을 돕는 것이 필요합니다.

  ⇨ _____

- That all other languages might disappear is not true.
  모든 다른 언어가 사라질 것이라는 것은 사실이 아닙니다.

  ⇨ _____

- That we should take an immediate measure to reduce car accidents is extremely important.
  우리가 자동차 사고를 줄이기 위한 즉각적인 조치를 취해야 하는 것은 상당히 중요합니다.

  ⇨ _____

  ⇨ _____

- What matters most when it comes to nutrition is to maintain a healthy balance.
  영양과 관련하여 가장 중요한 것은 건강한 밸런스를 유지하는 것입니다.

  ⇨ _____

05 to부정사

to부정사는 〈to + 동사원형〉의 형태로서 문장에서 여러 가지 역할을 하는 품사입니다.

1. 명사적 용법

to부정사가 문장에서 명사의 역할을 하는 경우 명사적 용법이라고 말합니다. 명사가 문장에서 하는 역할은 대부분 주어 혹은 목적어로 사용됩니다.

① 주어

문장의 맨 앞에서 문장을 이끄는 것이 주어인데, to부정사를 주어로 사용하려면 문장의 맨 앞에 위치시키기보다는, 보통 진주어와 가주어를 사용해서 나타낼 수 있습니다. 자주 사용하는 가주어-진주어 문장패턴은 〈It is + 형용사 + to부정사〉 / 〈It is + that + 주어 + 동사〉입니다.

■ 진주어와 가주어 문형에서 자주 쓰이는 형용사

> essential 필수적인, necessary 필수적인, mandatory 의무적인, common 일반적인, natural 자연스러운, obvious 명백한, possible 가능한, impossible 불가능한, vital 꼭 필요한, advisable 바람직한, apparent 명백한, helpful 도움이 되는, important 중요한, imperative 필수적인

- It is possible to enter the museum.
  이 박물관에 들어가는 것은 가능합니다.
  ◘ 문장의 맨 앞에 어떤 특정한 뜻을 갖고 있지 않은 가짜주어(가주어)인 It을 사용하고, 뒤에 진짜 뜻을 갖고 있는 진주어로 to부정사를 사용하였습니다.

- It is essential to focus on other subjects.
  다른 과목들에 집중하는 것이 필요합니다.

IELTS 문장 맛보기 + 다시 써보기

- It is helpful to survey a large number of people.
  많은 사람들을 연구 조사하는 것이 도움이 됩니다.

  ⇨ _____

- It is exhausting to work for more than ten hours per day.
  하루에 10시간 이상을 일하는 것은 힘든 것입니다.

  ⇨ _____

- It is difficult to think of an effective situation to the problem.
  그 문제에 대한 효과적인 해결방법을 생각해내는 것이 어렵습니다.

  ⇨ _____

※ to부정사의 의미상 주어는 to부정사의 앞에 〈for + 명사〉로 쓰며 〈to + 동사원형〉에서 동사를 행하는 주체로서 사용하는 것입니다.

- It is mandatory for students to follow the instructions.
  학생들이 그 지시사항들을 따르는 것이 필요합니다.
  ◯ 진주어인 to follow의 행위의 주체가 앞에 나온 for students에서의 학생들이 됩니다.

※ to부정사의 의미상 주어가 of인 경우

보통 〈It is + 형용사 + to부정사〉의 진주어, 가주어 구문에서 형용사의 뜻이 사람의 감정이나 성격을 나타내는 단어가 오면, 그때 사용하는 의미상의 주어에는 전치사 of를 사용합니다.

- It is very *kind* of you to help me.
  당신이 나를 도와준 걸 보니 참 친절하십니다.
  ◯ 형용사 kind가 사람의 성질이나 성격을 나타내기 때문에 to부정사의 의미상 주어인 you 앞에 전치사 of를 넣어서 사용하고 있습니다.

② 목적어

to부정사는 동사 뒤에 나오는 목적어 역할을 합니다.

■ to부정사를 목적어로 취할 수 있는 동사

> want 원하다, need 필요하다, would like 원하다, decide 결정하다, wish 바라다, hope 희망하다, agree 동의하다, fail 실패하다, continue 계속하다, refuse 거절하다 등

· I want to hold my birthday party.
 나는 내 생일파티를 열고 싶습니다.
 ◐ 동사 want 뒤에 목적어로 to hold라는 to부정사를 사용하였습니다.

· I decided to go to university.
 저는 대학에 가기로 결정했습니다.
 ◐ 동사 decided 뒤에 목적어로 to go라는 to부정사를 사용하였습니다.

· We agreed to sell our house.
 우리는 우리의 집을 팔기로 동의했습니다.
 ◐ 동사 agreed 뒤에 목적어로 to sell이라는 to부정사를 사용하였습니다.

· Extensive testing needs to be conducted.
 광범위한 조사가 실행되어야 합니다.
 ◐ 동사 needs 뒤에 목적어로 to be conducted라는 to부정사를 사용하였습니다.

※ to부정사에서도 수동태(be + p.p)의 형식이 가능합니다.

to + 동사원형(능동) + 목적어(가능)
to + be + p.p(수동) + 목적어(불가능)

③ 보어

문장에서 보어의 역할은 말 그대로 무언가를 보충하는 것이라고 보시면 됩니다. to부정사를 보어로 사용하는 경우에는 be동사와 같이 사용하는 것이 일반적입니다. 보어를 필요로 하는 동사로는 크게 2형식 동사와 5형식 동사들이 있습니다. 더욱 자세한 사항은 Chapter 3에서 다루도록 하겠습니다.

a. 2형식 동사 + 보어(주격보어)

- Our top priority is to serve the country.
  우리의 최우선 과제는 나라에 봉사하는 것입니다.

  ◯ be동사 is 다음에 to serve라는 to부정사가 나와서 보어로서 주어를 보충하고 있습니다.

- The exhibits seem to appeal to visitors.
  그 전시회들은 방문객들에게 매력적인 것 같습니다.

  ◯ 동사 seem 뒤에 to appeal이라는 to부정사가 나와서 보어로서 주어를 보충하고 있습니다.

IELTS 문장 맛보기 + 다시 써보기

- The main goal is to offer donations to the poor.
  주된 목적은 가난한 사람들에게 기부를 하는 것입니다.

⇨ _____

- Their aim is to get more children interested in music and art.
  그들의 목표는 아이들에게 음악과 예술에 더욱 관심을 가지도록 하는 것입니다.

⇨ _____

- One characteristic of a good team leader is to maximize productivity.
  훌륭한 팀 리더의 한 가지 특징은 생산성을 극대화시키는 것입니다.

⇨ _____

b. 5형식 동사 + 목적어 + 보어(목적격보어)

- She required me to teach English to young students.
  그녀는 나에게 청소년들에게 영어를 가르치라고 요청했습니다.
  - ◎ required라는 5형식에 속하는 동사의 뒤에 목적어인 me가 나오고, 그 뒤에 목적어를 보충해주는 역할을 하는 보어로서 to teach라는 to부정사가 나왔습니다.

- They advised us to book a ticket in advance.
  그들은 우리에게 티켓을 미리 예약하라고 조언했습니다.
  - ◎ advised라는 5형식에 속하는 동사의 뒤에 목적어인 us가 나오고, 그 뒤에 목적어를 보충해주는 역할을 하는 보어로서 to book이라는 to부정사가 사용되었습니다.

2. 형용사적 용법

형용사라는 것은 일반적으로 명사를 수식하기 위해서 사용하는 품사입니다. 이런 형용사를 대신해서 to부정사를 사용할 수 있습니다. 그것도 명사 뒤에서 명사를 수식하는 용도로 사용합니다. 〈명사 + to부정사〉는 '~하는 명사'입니다.

- I know the way to solve the problem.
  나는 그 문제를 풀 방법을 알고 있습니다.
  - ◎ to부정사(to solve)가 앞에 나온 명사(the way)를 수식하고 있습니다.

- I have an opportunity to visit London.
  나는 런던에 방문할 기회를 갖고 있습니다.
  - ◎ to부정사(to visit)가 앞에 나온 명사(an opportunity)를 수식하고 있습니다.

- I was the first person to come here.
  나는 이곳에 온 첫 번째 사람입니다.
  - ◎ to부정사(to come)가 앞에 나온 명사(the first person)를 수식하고 있습니다.

IELTS 문장 맛보기 + 다시 써보기

- We made every <u>effort</u> <u>to restore</u> the degraded land.
  우리는 황폐화된 땅을 복원하는 데 모든 노력을 기울였습니다.

  ⇨ _____

- I had <u>the opportunity</u> <u>to ask</u> the filmmaker questions.
  나는 영화 제작자에게 질문할 기회를 가졌습니다.

  ⇨ _____

3. 부사적 용법

부사적 용법은 말 그대로 부사 역할을 하기 때문에 붙여진 이름입니다. 부사의 역할은 기본적으로 문장에서 부가적인 의미를 갖는다고 생각하면 되는데, 문장에서 필요하지 않은 경우가 대부분입니다. 부사적 용법으로 사용되는 to부정사는 문장에서 맨 앞이나 뒤에 위치하는 것이 일반적입니다.

- I work hard to earn money.
  나는 돈을 벌기 위해서 열심히 일합니다.

  ◐ 문장에서 to earn money가 문법적으로는 꼭 필요하진 않지만, 부가적인 의미를 갖기 때문에 부사적 용법이라고 말할 수 있습니다.

※ 부사적 용법의 to부정사는 일반적으로 '~하기 위해(이유, 목적), ~해서(결과)'라는 의미로 사용됩니다.

- To earn money, you must work hard.
  돈을 벌기 위해서 당신은 열심히 일해야 합니다.

  ◐ to earn money가 문장에서 부가적인 의미를 갖고 있기 때문에 부사적 용법으로 사용되었다고 말할 수 있습니다.

- I am happy to see you.
  나는 당신을 보니 기쁩니다

  ◐ to see you라는 의미가 '결과적으로 ~해서'라는 의미의 부사적 용법으로 사용되었습니다.

IELTS 문장 맛보기 + 다시 써보기

- <u>To develop</u> a treatment for Parkinson's, several pharmaceutical firms collaborated on a study.
  파킨슨병에 대한 치료법을 개발하기 위해서 몇몇의 제약회사들이 연구조사를 함께했습니다.

  ⇨ _____

- Workers in a factory should wear safety helmets <u>in order to prevent</u> injuries.
  공장에서 일하는 근로자들은 부상을 방지하기 위해 안전모를 착용해야 합니다.

  ⇨ _____

4. to부정사의 관용표현

① be + 형용사 + to부정사
상당히 자주 쓰이는 형태로서 형용사를 사용한 to부정사의 용법입니다.

- Anyone is eligible to enter the competition.
  누구든 그 대회에 참가할 자격이 있습니다.

- Scientists are eager to find a cure for the disease.
  과학자들은 그 병에 대한 치유법을 찾기를 간절히 바라고 있습니다.

- It is likely to rain all day.
  하루 종일 계속 비가 올 것 같습니다.

② be + p.p(5형식동사) + to부정사 (p.p의 형태는 과거분사라고 불립니다)
5형식 문장이 수동태로 변환되어 나타나는 형태입니다.

- Taylor Bridge is expected to reopen in early March.
  Taylor Bridge는 3월초에 다시 개장할 예정입니다.

- Listeners are encouraged to call the radio station.
  청취자들은 라디오방송국에 전화를 걸도록 권장됩니다.

IELTS 문장 맛보기 + 다시 써보기

- Tying your tie too tightly could increase eye pressure, which <u>is likely to damage</u> eyesight.
  넥타이를 너무 조여서 매는 것은 안압을 상승시키고, 그것이 시력을 손상시킬 수도 있습니다.

  ⇨ _____

- Some people <u>are reluctant to disclose</u> their needs and desires in front of strangers.
  몇몇 사람들은 그들의 필요와 욕망을 낯선 사람들 앞에서 공개하는 것을 꺼려합니다.

  ⇨ _____

- During the performance, the audience <u>is not allowed to use</u> any electronic devices.
  공연 동안에 관객들은 전자장치들을 사용할 수 없습니다.

  ⇨ _____

- I think children should <u>be encouraged to focus</u> on physical education rather than other subjects.
  저는 아이들이 다른 과목들보다도 오히려 체육에 중점을 둬야 한다고 생각합니다.

  ⇨ _____

③ 의문사 + to부정사
의문사와 to부정사를 결합하여 만든 형태로서 모든 의문사와 결합을 할 수 있습니다.

- We know how to swim.
  우리는 수영하는 법을 알고 있습니다.
  ○ how라는 의문사와 to swim이라는 to부정사를 결합해서 사용하고 있습니다.

- I don't know where to go.
  나는 어디로 가야 할지 모릅니다.
  ○ where라는 의문사와 to go라는 to부정사를 결합해서 사용하고 있습니다.

※ 〈의문사 + to부정사〉는 〈의문사 + 주어 + should + 동사원형〉으로 변환이 가능합니다.

- We know how to swim
= We know how we should swim.

- I don't know where to go
= I don't know where I should go.

Exercise 밑줄에 알맞은 어휘를 넣어서 문장을 완성하세요.

01 _____ is missing _____.

판매수치의 그래프에 몇몇의 중요한 정보가 없습니다. (data / graph / sales figures / important)

02 _____ oppose _____.

몇몇의 지역 거주민들은 지역 확장 계획에 반대하고 있습니다. (expansion / residents / several)

03 _____ are rapidly decreasing in _____.

Springfield에 있는 부동산들의 가치가 급격하게 떨어지고 있습니다. (properties / value)

04 _____ are expecting _____.

전문가들은 수입이 빠르게 증가할 것이라고 예견하고 있습니다. (increase / experts / imports)

05 _____ are typically planted _____.

튤립은 일반적으로 9월이나 10월에 심습니다. (Tulips)

06 _____ are not allowed _____.

아이들은 그 빌딩에 들어갈 수 없습니다. (enter)

07 _____ are encouraged to _____.

사람들은 건강한 삶을 이끌 수 있도록 권장되고 있습니다. (lifestyles / lead)

08 _____

on society has been led by _____.

사회에 미치는 교육개발의 영향에 대한 토론이 한 학생들의 스터디그룹에 의해 이끌어져왔습니다. (educational / discussion / impact)

Exercise 밑줄에 알맞은 어휘를 넣어서 문장을 완성하세요.

09 The _____ about population growth received _____.

인구증가에 대한 이론은 과학 분야로부터 상당한 지지를 얻었습니다. (scientific / support / theory)

10 _____ work hard to _____ within the community.

그들은 지역사회 내에서 사람들을 안전하게 지키기 위해 열심히 일합니다. (keep / safe)

11 _____ opened _____ immediately after _____.

그녀는 옥스포드를 졸업한 이후에 곧바로 그녀의 사업을 시작했습니다. (graduating)

12 _____ have a _____ in London.

어떤 은행도 런던에 지점을 갖고 있지 않습니다. (none of / branch)

13 _____ needs _____.

각각의 나라들은 바이오 연료에 초점을 맞춰야 합니다. (each of / focus on)

14 _____ has reached _____.

각각의 책들은 베스트셀러들 중 정상에 위치했습니다. (each of / top)

15 _____ gives _____.

가족과 함께하는 것은 몇 가지의 장점을 줍니다. (staying / advantages)

16 _____ is _____.

한국에서 직업을 갖는 것은 쉽지 않습니다. (far from / getting)

Exercise 밑줄에 알맞은 어휘를 넣어서 문장을 완성하세요.

17 _____ allows me _____.

휴식을 취하는 것은 내 자신을 새롭게 해줍니다. (taking / refresh)

18 _____ is to spend more money on _____.

사람들을 교육시키기 위해 행해져야 하는 것은 학교에 더 많은 돈을 쓰는 것입니다. (what / educate / schooling)

19 It is _____ _____.

공공장소에서 연설하는 것은 어렵습니다. (public / hard)

20 It is possible _____ _____, _____ they do not have _____.

비록 사람들이 돈을 많이 갖고 있지 않더라도 행복해지는 것은 가능합니다. (happy / even if)

21 It is necessary _____ _____.

나이 든 사람들은 정기적인 건강검진을 받는 것이 필요합니다. (old people / health checks)

22 _____ describes the best way _____ _____.

사용설명서는 그 장치를 다시 설정하는 가장 좋은 방법을 설명하고 있습니다. (manual / device / reset)

23 Towels are _____.

수건들은 호텔 투숙객들이 사용할 수 있습니다. (available / use)

Exercise 밑줄에 알맞은 어휘를 넣어서 문장을 완성하세요.

24 _____ is _____.
   우리의 계획은 도시의 공원들을 더욱 매력적이게 만드는 것입니다. (make / plan / attractive)

25 _____ save money _____.
   많은 부모님들은 자식들을 대학에 보내기 위해 돈을 모읍니다. (parents / in order to / college)

Part 3

동사의 활용

Unit 01	동사의 정의/위치/형태
Unit 02	동사의 종류
Unit 03	동사의 시제
Unit 04	동사의 수동태

Unit 01 동사의 정의/위치/형태

01 동사란?

동사는 주어의 다음에 와서 주어의 행동을 나타낼 때 사용하는 품사입니다. 물론, 문장의 맨 앞에 나와서 명령문을 이끌 수도 있습니다.

- I eat breakfast every day.
  나는 매일 아침을 먹습니다.
  ◎ 주어인 I 다음에 eat라는 동사가 나와서 주어가 무엇을 하는지를 나타내고 있습니다.

- (Please) Sit on the chair.
  의자에 앉으세요.
  ◎ 문장의 맨 앞에 sit이라는 동사원형이 와서 명령문을 만들고 있습니다. 이때, 문장 맨 앞에 please라는 부사를 넣어도 되고, 넣지 않아도 됩니다. 다만, 문장에서의 약간의 느낌이 달라질 수 있습니다.
  ☑ 명령문을 만들 때, 맨 앞에 please라는 부사를 넣으면 더욱 공손한 표현이 되기 때문에, 가능하다면 넣어주는 것이 좋습니다. 물론, 친구끼리는 굳이 넣지 않아도 상관없습니다.

02 동사의 위치

문장에서의 동사의 위치는 기본적으로 주어의 다음에 오는 것이 일반적입니다. 하지만, 앞에서도 언급했듯이 문장의 맨 앞에 나와서 명령문을 이끌 수도 있습니다. 물론, 의문문이나 도치구문에서는 주어와 동사의 위치가 바뀌니 동사의 위치가 변경될 수 있습니다.

1. 주어의 다음에 오는 동사

- We plan to go on a picnic.
  우리는 소풍을 갈 계획을 세웁니다.
  ◎ 이 문장에서 주어는 분명히 We이지만, 동사는 plan(계획하다), to go(가다) 이렇게 두 개가 있는데 to부정사는 절대로 혼자서 동사 역할을 하지 못하기 때문에 동사라고 볼 수 없습니다. 그래서 실제 이 문장에서의 동사는 바로 plan이 됩니다. 주어 다음에 위치하는 동사인 plan을 본동사(본래의 원래 동사)라고 하고 to go를 진짜 동사가 아닌 준동사(동사에 준하긴 하지만 진짜 동사의 역할은 못 하는 것)라고 합니다.

2. 문장의 맨 앞에 나오는 동사 [명령문]

- Clean your room.
  네 방을 청소해라.
  - 문장이 동사로 시작되고 있으며, 주어는 보이지 않습니다. 이런 문장의 형태를 명령문이라 부르며, 명령문의 시작은 항상 동사원형으로 시작해야 합니다.

명령문은 왜 동사원형으로 시작해야 하는 것일까요? 그것은 바로 숨어 있는 주어 때문에 그렇습니다. 주어가 드러나 있진 않지만, 주어가 누군지는 알 수 있습니다.

위의 예문에서 누가 방을 청소해야 하는 거죠? 그렇습니다. 바로 You입니다. 그래서 You가 주어에 있다고 생각하면 동사에 -s/-es를 붙이지 않습니다. 그리고 명령문은 현재만 나타내기 때문에 과거나 미래를 사용할 수 없습니다. 그래서 동사원형을 사용하며, Cleans your room.이나 Cleaned your room.과 같은 형태는 사용할 수 없는 것입니다.

또한, 부정명령문도 동사 앞에 don't만 사용하지, 절대로 doesn't나 didn't를 사용하지 않는 것도 이러한 이유 때문입니다.

03 동사의 형태

문장에서 주어 다음에 동사를 사용하려면 어떤 특정한 형태만을 사용해야 하는데, 어떤 형태를 사용할 수 있는지 알아보도록 하겠습니다.

일반적으로 동사의 형태는 주어가 누구인지, 시제가 무엇인지, 문장의 형태가 어떤 종류인지에 따라서 달라진다고 볼 수 있습니다. 여기서는 동사로 활용할 수 없는 부분에 대해서 설명하도록 하겠습니다.

1. [동사-ing]의 형태는 절대로 혼자서 동사 역할을 할 수 없다!

- I eating breakfast.
  - 주어인 I 다음에 동사로 eating을 사용하고 있지만 이것은 명백히 잘못 사용된 것입니다. 그 이유는 동사를 사용할 때, 〈동사-ing〉의 형태를 사용하기 위해서는 반드시 앞에 be동사(am/are/is/was/were) 중의 하나가 꼭 따라와야 합니다. I am eating breakfast라고 사용한다면 아주 정확한 문

장이 되겠습니다. 주어가 I이기 때문에 be동사는 am을 썼고 그 뒤에 동사ing 형태를 사용하여, am eating(먹고 있습니다. - 진행을 나타내고 있음)의 완벽한 동사의 형태를 만들고 있습니다. 만약 과거로 사용하고 싶다면 과거진행형 was eating(먹고 있었습니다)으로 사용할 수 있습니다.

※ be동사의 종류 및 활용

❶ 주어가 I일 때, am을 사용하며, 과거시제를 사용하고 싶다면 was를 사용합니다.

❷ 주어가 3인칭 단수일 때, is를 사용하며, 과거시제는 역시 was를 사용합니다.

❸ 주어가 복수(2개 이상)이거나 2인칭(you)일 때, are를 사용하며, 과거시제는 were를 씁니다.

2. 동사의 과거분사인 p.p형태는 절대로 단독으로 동사로 사용할 수 없다!

- She ~~gone~~ to L.A.
    - 주어인 She 다음에 동사로 go의 과거분사인 gone을 단독으로 사용하고 있기 때문에 올바른 문장이라고 볼 수 없습니다. 과거분사인 p.p(대부분 -ed 형태로 끝남)를 동사로 사용하고 싶다면, 그 앞에 have[has/had]라는 조동사를 사용하면 됩니다. She has gone to L.A.(그녀는 LA로 가버렸습니다.)와 같이 gone이라는 동사의 p.p형태인 과거분사를 has라는 조동사와 같이 사용했습니다.

※ 조동사 have

❶ 주어가 1인칭(I)일 때, 〈have + p.p〉 형태를 사용하며, 이름은 '현재완료'라고 합니다. 이때는 과거분사인 p.p만을 동사로서 행동할 수 있게 도와주고 있기 때문에, 전혀 뜻은 없습니다.

❷ 주어가 3인칭 단수일 때 〈has + p.p〉 형태를 사용하며, 이름은 '현재완료'라고 합니다. 역시 이때에도 과거분사인 p.p 를 도와주고 있기에 뜻은 전혀 없습니다.

❸ 주어가 2인칭(you)이나 복수일 때, 〈have + p.p〉 형태를 사용하며, 이름은 '현재완료'라고 합니다. 이때에도 have는 뜻이 없습니다.

❹ 주어와 상관없이 과거를 나타낼 때에는 〈had + p.p〉 형태를 사용할 수 있으며, 이름은 '과거완료'라고 합니다.

3. to부정사를 절대로 혼자서 동사로 사용할 수 없다!

- I ~~to study~~ English.
    - 주어인 I 다음에 동사로 to study라는 to부정사를 사용하고 있습니다. to부정사는 절대로 혼자서 동사자리에서 동사의 역할을 할 수 없기 때문에 올바른 문장이 아닙니다. to부정사를 동사로 사용하기 위해서는 to부정사를 그냥 to를 빼고, 동사만 사용하거나(I study English.) 혹은 I want to study English.처럼 want라는 동사를 사용하고 그 뒤에 to부정사를 사용하면 가능합니다.

※ to부정사 활용법

want, need, decide, fail 등과 같은 동사를 사용하면 그 뒤에 이들 동사의 목적어로서 to부정사를 사용할 수 있습니다.

- I need to study English.
  나는 영어공부를 할 필요가 있습니다.

- I decided to study English.
  나는 영어공부를 하기로 결정했습니다.

이런 종류의 문장은 꼭 알아두어야 하며, to부정사에 관한 부분은 Chapter 2와 Chapter 4에서 조금 더 상세하게 다뤘으니 참고하시기 바랍니다.

Unit 02 동사의 종류

동사의 종류는 크게 be동사, 조동사, 그리고 일반동사로 나눌 수 있습니다. 그리고 일반동사는 목적어의 유무에 따라서 자동사와 타동사로 나눌 수 있습니다.

1. be동사

   ① be동사의 종류
   - 현재시제: am/are/is
   - 과거시제: was/were

   ② be동사 자체의 역할
   be동사는 실제로 우리말로 번역을 할 때 뜻이 거의 없지만, '~이다' 혹은 '~있다' 정도로 알아두시면 됩니다.

   - He is <u>a student</u>.
     그는 학생입니다.
     ◐ 주어로 He라는 3인칭 단수가 나와서 is라는 be동사를 사용하고 있습니다. 그리고 그 뒤에 주어를 보충해주는 보어로서 명사인 a student를 사용하였습니다. 이때, be동사의 다음에 명사를 보어로 사용하기 위해서는 주어와 보어가 동일해야 합니다.

   - She is <u>at school</u>.
     그녀는 학교에 있습니다.
     ◐ 주어로 She라는 3인칭 단수가 나와서 be동사로서 is를 사용하고 있습니다. 또한, 동사 뒤에는 at school이라는 전치사구가 보어의 역할을 수행하고 있습니다. 보통 be동사 뒤에는 보어가 와서 주어를 보충하는 역할을 하므로 주격보어라고 말합니다.

   - The students are <u>very kind</u>.
     그 학생들은 매우 친절합니다.
     ◐ 주어로 The students라는 복수형태가 나와서 be동사로서 are를 사용하고 있습니다. be동사 뒤의 보어로 형용사인 kind를 사용하였습니다.
     ☑ be동사는 뒤에 보어로 크게 3가지의 품사를 취할 수 있습니다. ① be + 형용사 ② be + 명사 ③ be + 전치사 + 명사

③ 다른 동사의 시제나 형태를 도와주는 be동사의 역할

be동사는 자체적으로 혼자서 사용할 뿐만 아니라 다른 동사와의 연계를 통해서 사용할 수 있습니다.

- The computer is working properly.

  그 컴퓨터가 잘 작동하고 있습니다.

  ◎ 이 문장에서 주어가 The computer이고 is라는 be동사를 사용하고 있지만, 이때의 be동사는 그 뒤에 나온 working을 도와서 현재진행이라는 시제를 만드는 역할을 합니다. 즉, working 단독으로는 동사 역할을 못 하기 때문에 is라는 be동사가 '지금 행해지고 있다'는 현재진행의 시제를 돕고 있는 것입니다.

    ☑ 현재진행: 지금 현재 하고 있는 행동이나 진행되고 있는 상황을 설명할 때 사용합니다.

- The computer is broken.

  그 컴퓨터는 고장 났습니다.

  ◎ 이 문장에서 주어인 The computer 뒤에 is라는 be동사가 나왔지만, 역시 여기서도 '~이 있다, ~이다'라는 의미로 쓰인 것이 아닙니다. 그 뒤에 나온 broken(과거분사)이 혼자서 동사의 역할을 할 수 없기 때문에 앞에서 보조적인 역할을 통해서 수동태를 만드는 역할을 합니다. 즉, 시제뿐만 아니라 수동태라는 형태를 돕는 역할도 수행하고 있다고 보시면 됩니다.

    ☑ 수동태: 동작을 받는 형태를 말할 때 사용합니다.

※ be동사가 진행형 혹은 수동태를 도와주는 역할로 사용되면, 현재형인 am/are/is뿐만 아니라 과거형인 was/were도 사용 가능합니다.

- The computer was working properly.
- The computer was broken.

2. 조동사

조동사는 말 그대로 동사를 도와주는 역할을 하는 동사입니다. 동사를 도와주기 위해서 동사 앞에 등장하며 그 뒤에는 항상 동사원형의 형태가 나와야 합니다.

- He will visit my house.

  그가 나의 집을 방문할 예정입니다.

  ◎ 주어인 He가 3인칭 단수이지만 그 뒤에 조동사 will이 나와서 본래의 동사인 visit에 -s/-es를 붙이지 않는 것입니다. 여기서 조동사인 will은 미래를 나타내는 수단으로 사용하고 있습니다.

① 조동사의 종류

will(would), can(could), may(might), should, must 등(괄호 안은 과거형태입니다.)이 있으며 조동사 뒤에는 동사원형이 와서 동사가 가진 뜻에 약간의 뜻을 더해줍니다.

- We will watch TV.
  우리는 TV를 볼 것입니다.
  - ◯ watch라는 동사 앞에 will이라는 조동사가 나와서 기존의 '보다'라는 뜻에 '~일 것이다'라는 뜻을 더해 '볼 것이다'라는 의미를 만들고 있습니다.

② 조동사의 역할

조동사는 각자의 뜻을 갖고 각자의 역할을 수행합니다. 단, 주어의 인칭이나 시제에 상관없이 조동사 뒤에는 항상 동사원형을 쓴다는 것을 명심해야 합니다.

a. will(would)

will은 일반적으로 막연한 미래를 사용할 때 가장 흔하게 사용하는 조동사입니다. 물론, 주어의 의지를 포함하고 있습니다.

- He will clean his room tomorrow.
  그는 내일 방을 청소할 것입니다.
  - ◯ will이라는 조동사 뒤에 clean이라는 동사원형을 사용하였으며, 단순히 clean(청소하다)는 의미로 사용한 것이 아니라, will이라는 조동사를 넣어서 의지를 담고 있는 미래시제를 나타내고 있습니다.

would는 will의 과거로도 사용되지만, 가정의 의미로서도 사용할 수 있습니다.

- He said that he would clean his room.
  그가 방을 청소할 것이라고 말했습니다.
  - ◯ said라는 동사의 과거형태가 나와서, 뒤에 따르는 문장에도 will의 과거인 would가 사용되었음을 알 수 있습니다.

- He would clean his room.
  그는 방을 청소할 텐데요.
  - ◯ would라는 조동사는 분명 will이라는 조동사의 과거이지만, 과거로만 사용하는 것이 아니라 가정의 의미로도 사용할 수 있습니다. would에는 '~라면 ...할 텐데'라는 가정의 의미가 있다고 보면 됩니다. 이를테면, 뒤에 if he was/were diligent(만약 그가 부지런하다면: 실제는 부지런하지 않음)이라는 가정의 문장이 나왔다고 생각하고 He would clean his room(그는 방을 청소할 텐데)이라는 가정의 문장으로 사용할 수 있습니다.

b. can/could

can은 '~할 수 있다'라는 의미로 능력이나 가능성을 나타낼 수 있습니다.

- We can build a house.
  우리는 집을 지을 수 있습니다.
  - ○ can이라는 조동사가 나와서 뒤에 나온 build라는 동사를 가능하게 만드는 의미를 주고 있습니다.

- We can watch TV now.
  우리는 이제 TV를 볼 수 있습니다.
  - ○ 조동사인 can 뒤에 watch라는 동사원형이 와서 기존의 동사의 뜻에 '~할 수 있다'는 의미를 더해주고 있습니다.

could는 can의 과거형이며, '~할 수도 있지 않을까'라는 의견의 전달이나 추측의 의미로 사용할 수도 있습니다.

- I thought that we could watch TV.
  나는 우리가 TV를 볼 수 있다고 생각했습니다.
  - ○ thought라는 동사의 과거시제가 나와서 뒤에 따라오는 문장에서 could라는 과거시제의 조동사를 사용하였습니다.

- We could watch TV.
  우리는 TV를 봐도 좋을 것 같은데요.
  - ○ 여기서 could라는 조동사를 사용해서 '~해도 좋을 것 같다'라는 가능성에 대한 의견을 전달하고 있습니다.

※ could의 과거형으로서 〈could + have + p.p〉는 '~할 수 있었을 것이다'라는 의미를 가집니다.

- We could have visited the British Museum.
  우리는 대영박물관을 방문할 수도 있었을 것입니다.

c. may/might

may와 might는 현재와 과거라는 차이점도 있지만 추측의 정도에서도 차이점이 있습니다. 이 중에서 may라는 조동사는 허락의 의미로 '~해도 좋다'라는 뉘앙스를 갖습니다.

- She may be a good student.
  그녀는 좋은 학생일지 모릅니다.
  - ○ 조동사 may를 사용하여 가능성이나 추측을 말하고 있습니다.

- You may speak to me now.
  당신은 나에게 지금 얘기를 해도 됩니다.
  ○ 조동사 may를 사용하여 허락의 의미를 말하고 있습니다.

might는 조동사 may의 과거형이며, 가능성을 말하거나 추측 및 정중한 제안을 할 때도 사용할 수 있습니다.

- He said that he might come to the party.
  그가 파티에 올지 모른다고 말했습니다.
  ○ 앞에 said라는 과거동사가 나와서 may의 과거형인 might를 사용했습니다.

- You might borrow a pen from your friend.
  당신은 친구에게 펜을 빌려도 좋을 것 같은데요.
  ○ might라는 조동사를 사용해서 가능성을 나타내고 있습니다.

※ might의 과거형으로서 〈might + have + p.p〉는 '~였을지도 모른다'라는 의미를 가집니다.

- She might have been to London.
  그녀는 런던에 다녀왔을지도 모릅니다.

d. should/must

should는 '~해야 한다'라는 의미로 사용하는데, 꼭 해야 하는 것은 아니지만, 그렇게 하는 것이 좋다는 조언적인 의미로 해석해도 됩니다.

- You should call the police.
  당신은 경찰에 전화해야 합니다.
  ○ should call the police는 '경찰에 전화를 하는 것이 더 나을 수 있다'는 의미로 해석하면 됩니다.

must는 가장 일반적으로 '~해야 한다'는 의미이지만, '~임에 틀림없다'는 뜻으로도 사용됩니다.

- I must borrow your book.
  제가 당신의 책을 빌려야 합니다.
  ○ must라는 조동사를 사용하여 어떤 필요에 의해 '~해야 한다'는 의미를 나타냅니다.

- Jaehan must be a teacher.
  Jaehan은 선생님임에 틀림없다.
  ○ 이 문장에서 must는 '~임에 틀림없다'는 의미로 사용하였습니다.

※ must의 과거형으로서 〈must + have + p.p〉는 '~였음에 틀림없다'라는 의미를 가집니다.

- He must have gone to LA.
  그는 영국에 갔었음에 틀림없어요.

3. 일반동사
일반동사는 보통 뒤에 목적어의 유무에 따라서 자동사와 타동사로 나눕니다.

① 자동사

자동사는 말 그대로 동사가 나타내는 동작이나 작용이 주어에만 미치는 동사를 말합니다. 자동사는 단독으로 사용해도 완전한 의미를 나타냅니다. 즉, 동사 뒤에 일반적으로 나와야 할 목적어라는 성분이 오지 않는다는 것입니다. 물론, 어떤 자동사들은 단독으로 사용되지 않고 뒤에 보어라는 성분을 갖는 경우도 있습니다.

- The price increased.
  가격이 올랐습니다.
  ○ increased라는 동사가 나오고, 뒤에 목적어로 사용되는 명사, 대명사, 동명사, to부정사 등이 나오지 않았습니다.

- We are sure about our future.
  우리는 미래에 대해 확신합니다.
  ○ be동사 are 뒤에서 형용사 sure가 보어 역할을 하고 있습니다.

자동사는 그 형식에 따라서 1형식과 2형식으로 나뉘게 됩니다.

> 1형식 자동사: 주어 + 동사

1형식 자동사는 문장을 이루는 최소한의 종류(주어 + 동사)가 모여 있다고 생각하면 됩니다.

- The plane arrived.
  그 비행기가 도착했습니다.
  ○ 주어인 The plane과 동사인 arrived가 와서 최소한의 문장구조를 이루고 있습니다. 좀 더 구체적인 문장을 만들려면 그 뒤에 〈arrived + 시간[장소]〉를 넣어주면 됩니다.

자동사라고 해서 뒤에 아무것도 못 오는 것은 아닙니다. 다만, 목적어에 해당하는 품사만 못 온다는 것입니다.

- The conference starts at 7 o'clock.
  회의가 7시에 시작합니다.
  ◐ 자동사 starts 뒤에 있는 at 7 o'clock은 부가적인 의미로서 사용된 것입니다.

- The sales decreased significantly.
  판매가 상당히 감소하였습니다.
  ◐ 자동사 decreased 뒤에 부사 significantly(상당하게)를 넣어서 문장의 부가적인 의미를 더해주고 있습니다.

■ 대표적인 1형식 동사

모든 자동사들이 자동사로서만 사용하는 것은 아니지만, 자동사로 좀 더 자주 사용되는 동사들도 같이 포함시켰습니다.

> increase 증가하다, decrease 감소하다, rise 오르다, fall 떨어지다, drop 감소하다, decline 감소하다, start 시작하다, begin 시작하다, take place 발생하다, happen 일어나다, occur 발생하다, depart 출발하다, arrive 도착하다 등

IELTS 문장 맛보기 + 다시 써보기

- Violence on the streets increased from 2000 until 2010.
  길거리에서의 폭력이 2000년도부터 2010년까지 증가했습니다.

⇨ _____

- Thefts of cars have decreased since 2015.
  차를 훔치는 강도들이 2015년 이후로 증가해왔습니다.

⇨ _____

- People's attention to the environment has <u>increased</u> significantly.
  환경에 대한 사람들의 관심이 상당히 증가해왔습니다.

  ⇨ _____

- We need to <u>participate</u> in the waste reduction program.
  우리는 쓰레기 줄이기 프로그램에 참여할 필요가 있습니다.

  ⇨ _____

- Office workers usually <u>communicate</u> with their employers.
  사무실에서 일하는 사람들은 대체적으로 그들의 고용주들과 소통합니다.

  ⇨ _____

- College students <u>focus</u> on their studies.
  대학생들은 그들의 공부에 집중합니다.

  ⇨ _____

2형식 자동사: 주어 + 동사 + 보어

2형식에 속하는 자동사들은 혼자서 사용되지 못하며, 꼭 뒤에 보어(형용사, 명사, 〈전치사 + 명사〉 등)가 와야 합니다. 이때, 보어는 주어를 보충해주는 역할을 하기 때문에 주격보어라고도 합니다.

- She **is** beautiful.
  그녀는 아름답습니다.
  ○ is라는 be동사 다음에 beautiful이라는 형용사가 와서 주어인 She를 보충하는 역할을 하고 있습니다.

- She **is** a doctor.
  그녀는 의사입니다.
  ○ is라는 be동사 뒤에 a doctor라는 명사가 나와서 주어인 She가 누구인지를 보충하는 보어의 역할을 하고 있습니다.

Unit 02

- She <u>is</u> in New York.

  그녀는 New York에 있습니다.

  ○ is라는 be동사 뒤에 in New York라는 〈전치사 + 명사〉가 나와서 주어가 어디에 있는지 보충해주고 있는 보어역할을 하고 있습니다.

■ 대표적인 2형식 동사

> be ~이다, become ~이 되다, look 보이다, seem ~인 것 같다, feel 느끼다, remain 남겨지다, appear ~인 것 같다 등

IELTS 문장 맛보기 + 다시 써보기

- The main advantage of large public buildings <u>is</u> that they attract visitors.

  큰 공공건물들의 주된 장점은 그것들이 방문객들을 매혹시킨다는 것입니다.

  ⇨ _____

- It <u>seems</u> likely that the event will draw a large crowd.

  그 행사가 많은 사람들을 끌어 모을 것으로 보입니다.

  ⇨ _____

- The number of seats in the conference hall <u>seems</u> adequate.

  회의장에 있는 좌석들의 수가 적절해 보입니다.

  ⇨ _____

- The building <u>appears</u> to be in fairly poor condition.

  그 빌딩이 낙후된 상태로 있는 것으로 보입니다.

  ⇨ _____

- There <u>appears</u> to be a growing demand for food delivery services.

  음식배달 서비스에 대한 점점 커지는 수요가 있을 것 같습니다.

  ⇨ _____

- The aim of the regulation is to reduce the number of road accidents.
  그 규칙의 규범의 목적은 도로 사고의 수를 줄이기 위함입니다.

  ⇨ _____

- The point of the speech is to express gratitude to investors.
  그 연설의 주된 부분은 투자들에게 감사를 표하기 위함입니다.

  ⇨ _____

- Famine in Africa is an ongoing international concern.
  아프리카에서의 기근은 계속되는 국제적인 관심사입니다.

  ⇨ _____

- Networking is a good way to meet potential business partners.
  네트워킹은 잠재적인 사업파트너를 만나는 좋은 방법입니다.

  ⇨ _____

- Many of the latest laptop models seem expensive.
  많은 최신 노트북들이 비싸 보입니다.

  ⇨ _____

- Residents appear to be satisfied with the new bike paths.
  지역주민들이 새로운 자전거 도로에 만족하는 것처럼 보입니다.

  ⇨ _____

② 타동사

타동사는 자동사와는 달리 뒤에 목적어(명사/대명사/동명사/to부정사)를 동반하는 동사들을 말합니다.

- I met him.
  저는 그를 만났습니다.

  ◐ 동사 met 뒤에 대명사 him이 와서 목적어 역할을 하고 있습니다.

- I played soccer.
  저는 축구를 했습니다.
  ⊙ 동사 play 뒤에 명사 soccer가 와서 목적어 역할을 하고 있습니다.

- I wanted to listen to music.
  저는 음악을 듣는 것을 원했습니다.
  ⊙ 동사 wanted 뒤에 to listen이라는 to부정사가 와서 목적어 역할을 하고 있습니다.

- I enjoy wearing my sunglasses.
  저는 선글라스를 끼는 것을 즐깁니다.
  ⊙ 동사 enjoy 뒤에 동명사 wearing이 와서 목적어 역할을 하고 있습니다.

하지만, 모든 타동사들이 위의 예문과 같은 형식으로 사용하는 것은 아닙니다. 타동사들은 크게 3가지의 종류(3형식 동사, 4형식 동사, 5형식 동사)로 다시 나누어지며, 그 형태는 다음과 같습니다.

3형식 타동사: 주어 + 동사 + 목적어

3형식에 속하는 동사들은 가장 일반적이고 가장 흔하게 사용되는 문장의 형식입니다.

- I eat breakfast every day.
  저는 매일 아침을 먹습니다.
  ⊙ 동사 eat 뒤에 명사 breakfast가 와서 목적어 역할을 하고 있습니다.

■ 대표적인 3형식 동사

3형식에 속하는 자주 쓰이는 타동사는 종류가 상당히 많습니다. 여기서는 IELTS에서 자주 사용할 수 있는 동사들을 소개합니다.

> open 열다, build 쌓다, spend 돈, 시간을 쓰다, educate 교육시키다, survey 연구, 조사하다, debate 토론하다, influence ~에 영향을 끼치다, reach 도달하다, learn 배우다, teach 가르치다, implement 실행하다, cause 야기하다, verify 증명하다, solve 해결하다, maintain 유지하다 등

IELTS 문장 맛보기 + 다시 써보기

- Children <u>adopt</u> the problem-solving ability of their parents.
  아이들은 부모로부터 문제해결능력을 얻습니다.

  ⇨ _____

- Convenient public transport <u>attracts</u> more commuters.
  편리한 대중교통이 더 많은 이용자들을 매혹시킵니다.

  ⇨ _____

- Some parents <u>ban</u> television in their households.
  몇몇의 부모들은 그들의 집에서 TV시청을 금하고 있습니다.

  ⇨ _____

- Old people with little or no income cannot <u>support</u> themselves.
  수입이 없거나 적은 노인들은 그들 자신을 부양할 수 없습니다.

  ⇨ _____

- We <u>developed</u> reading and writing skills.
  우리는 읽기와 쓰기 능력을 키웠습니다.

  ⇨ _____

- Not everyone <u>chooses</u> to go to college or university.
  모든 사람이 대학교에 가는 것을 선택하는 것은 아닙니다.

  ⇨ _____

- English learners <u>practise</u> speaking English by communicating with British people.
  영어를 배우는 사람들은 영국 사람들과 의사소통을 하면서 영어를 말하는 것을 연습합니다.

  ⇨ _____
  _____

- Studies <u>indicate</u> that over 40% of children show self-centred behaviour.
  연구조사는 아이들의 40% 이상이 자기중심적 행동을 보인다는 것을 나타내고 있습니다.

  ⇨ _____

> 4형식 타동사: 주어 + 동사 + 목적어 + 목적어

4형식 문장은 보시는 것과 같이 목적어가 2개가 나옵니다. 보통, 문법책에서는 간접목적어와 직접목적어라고 말하지만, 여기서는 이해하기 쉽게 사람목적어(대상)와 사물목적어라고 하겠습니다. 4형식 문장은 '사람에게 사물을 주다'의 의미로 사용됩니다.

- I <u>gave</u> <u>him</u> <u>a pen</u>.
  제가 그에게 펜 하나를 주었습니다.
  ○ gave라는 동사 뒤에 사람목적어(대상)인 him이 오고, 그 뒤에 곧바로 사물목적어인 a pen이 왔습니다.

- I <u>sent</u> <u>you</u> <u>an email</u>.
  제가 당신에게 이메일을 보냈습니다.
  ○ sent라는 동사 뒤에 you라는 사람목적어가 나오고 그 뒤에 사물목적어인 an email이 와서 목적어가 2개 사용되었습니다.

- I <u>gave</u> <u>a pen</u> to <u>him</u>.
  제가 그에게 펜 하나를 주었습니다.
  ○ 동사 gave 뒤에 사물목적어 a pen이 먼저 나오고, 그 뒤에 '사람 혹은 대상(him)'이 나오면 그 바로 앞에 전치사(to)를 사용합니다. 물론, 동사의 종류에 따라서 전치사는 달라질 수 있습니다.

■ 대표적인 4형식 동사

> give 주다, offer 제공하다, send 보내다, award 수여하다, assign 할당하다, show 보여주다 등

IELTS 문장 맛보기 + 다시 써보기

- The government <u>offers</u> startup companies the chance to expand into the European market.
  정부는 유럽시장으로 확장할 수 있는 기회를 신생회사들에게 제공하고 있습니다.

  ⇨ _____

- We should <u>impose</u> steeper fines on careless drivers.
  우리는 부주의한 운전자들에게 더욱 많은 벌금을 물려야 합니다.

  ⇨ _____

- It is a good way for companies to <u>grant</u> online customers the ability to reserve an item.
  회사들이 온라인 고객들에게 물건을 예약할 수 있게 해주는 것이 좋은 방법입니다.

  ⇨ _____

- One of the most famous websites <u>offers</u> banner programs to individual web users.
  가장 유명한 웹사이트 중의 한 곳은 배너프로그램을 개인 웹 사용자들에게 제공합니다.

  ⇨ _____

- It is a good idea for employers to <u>buy</u> some coffee for their workers during lunch time.
  고용주들이 점심시간에 그들의 직원들을 위해서 커피를 사는 것은 좋은 생각입니다.

  ⇨ _____

- This could <u>impose</u> financial burdens on many workers.
  이것은 많은 노동자들에게 재정적인 부담을 안겨줄 수 있습니다.

⇨ _____

- The company <u>offers</u> staff many opportunities for promotion.
  그 회사는 직원들에게 승진할 수 있는 많은 기회들을 제공합니다.

⇨ _____

5형식 타동사: 주어 + 동사 + 목적어 + 보어

5형식 문장은 목적어 다음에 보어라는 형태가 따라 나오는데, 그때 보어의 형태가 다양합니다. 각각의 보어를 취하는 동사의 종류를 암기하셔야 speaking이나 writing에서 특히 더 효과를 볼 수 있습니다.

- I <u>made</u> <u>her</u> <u>happy</u>.
  나는 그녀를 행복하게 만들었습니다.
  ◑ 이 문장에서 만약 목적어 her 뒤에 형용사 happy가 없다면 말이 이상해집니다. 여기서는 happy라는 보어가 그 앞에 나온 목적어를 보충해주고 있다고 생각하면 됩니다.

- I <u>required</u> <u>him</u> <u>to meet</u> Mr. Kim.
  나는 그에게 Kim 씨를 만나라고 요청하였습니다.
  ◑ 이 문장에서 동사 required 뒤에 목적어 him이 나오고 그 뒤에 to meet라는 to부정사가 나와서 무엇을 하라고 요청했는지에 대해서 보충하고 있기 때문에, 이것도 보어라고 말합니다.

위의 예문에서 목적어 다음에 나온 단어들을 보어라고 부르며 앞에 나온 목적어를 보충한다고 하여 목적격보어라고 말합니다. 그럼, 이제 과연 어떤 동사들이 어떤 형태의 보어를 취하는지 알아보도록 하겠습니다.

★ to부정사를 목적격보어로 사용하는 경우
⇨ 주어 + 동사 + 목적어 + to부정사

> ask 요청하다, require 요청하다, allow 허락하다, enable 가능하게 하다, encourage 격려하다, expect 기대하다, force 강요하다, instruct 지시하다, invite 초대하다, schedule 스케줄을 정하다 등

- I allowed them to visit the museum.
  나는 그들이 그 박물관에 방문하는 것을 허락했습니다.
  - 이 문장에서 allowed라는 동사의 목적어는 them입니다. them이 무엇을 하는 것을 허락했는지 알 수가 없으므로, 그 뒤에 목적격보어인 to부정사가 나와서 의미를 보충하고 있습니다.

★ 형용사를 목적격보어로 사용하는 경우
⇨ 주어 + 동사 + 목적어 + 형용사

> make 만들다, find 알아내다, keep 유지하다, deem 고려하다, consider 고려하다

- We found the movie interesting.
  우리는 그 영화가 재미있다는 것을 발견했습니다.
  - 이 문장에서 found라는 동사 뒤에 목적어로서 the movie가 나오는데, 이 영화가 어땠는지를 보충해주는 역할을 하는 것이 바로 interesting이라는 형용사입니다.

★ 동사원형을 목적격보어로 사용하는 경우
⇨ 주어 + 동사 + 목적어 + 동사원형

> help 돕다, let 시키다

- I helped him move the table.
  나는 그가 테이블을 옮기는 것을 도왔습니다.
  - 이 문장에서 helped라는 동사 뒤에 목적어로서 him이 오고, 그가 무엇을 하는 것을 도와줬는지에 대해 보충하는 역할로 그 뒤에 move라는 동사원형을 사용하였습니다. 하지만, 목적보어로서 to부정사를 사용할 수도 있습니다.

※ 〈help + 동사원형/to부정사〉의 형태도 가능합니다.

- This will help reduce your stress.
  이것은 당신의 스트레스를 줄이는 데 도움을 줄 것입니다.

★ 동사원형이나 p.p(과거분사)를 목적격보어로 사용하는 경우
⇨ 주어 + 동사 + 목적어 + 동사원형/p.p

- I had my photo taken.
  나는 사진을 찍었습니다.
  - 이 문장에서 had라는 동사가 나와서 그 뒤에 목적어인 my photo가 나오고, 그 뒤에 목적격보어로서 taken이라는 p.p형태가 나왔습니다.

※ 〈have + 목적어 + 동사원형/p.p〉에서 목적격보어로 동사원형이 왔을 때와 p.p형태가 왔을 때, 이를 구분하는 방법이 있습니다.

목적격보어로서 동사원형을 사용하는 경우 ⇨ 그 뒤에 목적어가 따라 나오는 경우

- I had my sister call him.
  나는 동생에게 그에게 전화하라고 시켰습니다.
  - 이 문장에서 call이라는 동사원형을 사용한 이유는 그 뒤에 목적어인 him이 나왔기 때문입니다.

목적격보어로서 p.p를 사용하는 경우 ⇨ 그 뒤에 목적어가 없는 경우

- I had my car repaired.
  나는 차를 수리하도록 맡겼습니다.
  - 이 문장에서 repaired라는 p.p 형태를 사용하였는데, 그 이유는 그 뒤에 목적어로서 사용한 단어가 없기 때문입니다. 물론, 의미상으로도 my car가 수리되는 것이지, 수리하는 것은 아니므로 수동태에서 나온 형태인 과거분사(p.p)를 사용해야 합니다.

IELTS 문장 맛보기 + 다시 써보기

- The store requires customers to show a receipt when returning items.
  그 가게는 물건을 반품할 때 고객들에게 영수증을 보여달라고 요청합니다.

⇨ _____

- Most residents <u>consider</u> the new expressway unnecessary.
  대부분의 거주자들은 새로운 도시고속화 도로가 불필요하다고 생각합니다.

  ⇨ _____

- The new website design <u>made</u> customers confused.
  새로운 웹사이트의 디자인이 고객들을 혼동하게 만들었습니다.

  ⇨ _____

- The CEO will <u>have</u> Mr. Graves present the data.
  그 CEO는 Graves 씨에게 그 데이터들을 발표하도록 시킬 예정입니다.

  ⇨ _____

- We will <u>have</u> the building surveyed next week.
  우리는 다음 주에 그 빌딩을 검사받도록 할 예정입니다.

  ⇨ _____

- Some parents <u>find</u> it beneficial to home school their children.
  어떤 부모님들은 그들의 자녀들을 홈스쿨링하는 것이 이득이 많다고 여깁니다.

  ⇨ _____

- The architect will <u>let</u> the client decide about the potential changes to the blueprint.
  그 건축가는 건물 청사진에 대한 잠재적인 변화에 대해 고객이 직접 결정하도록 할 것입니다.

  ⇨ _____

  _____

- Experts <u>expect</u> the global population to continue growing.
  전문가들은 지구상의 인구가 계속해서 증가할 것이라고 예상합니다.

  ⇨ _____

Unit 03 동사의 시제

동사는 우리가 흔히 알고 있는 현재, 과거, 미래뿐만 아니라 그 사이에 나올 수 있는 다양한 시제가 있습니다. 여기서는 동사의 시제를 크게 9가지로 나누어서 설명하겠습니다.

1. 과거(주어 + 과거동사)

과거라는 시제는 말 그대로 과거에 일어난 일들에 대해서 말할 때 사용합니다.

- I wanted to play basketball yesterday.
  나는 어제 농구를 하고 싶었습니다.
  ○ 동사 want의 과거형태인 wanted를 사용한 과거시제의 문장입니다..

위의 보기에서와 같이 동사의 과거시제는 과거에 일어났던 일을 표현하기 위해 사용하기 때문에 과거를 나타내는 단어들을 보고 결정할 수 있습니다. 과거시제와 자주 사용하는 어구는 다음과 같습니다.

> yesterday 어제, ago ~ 전에, previously 이전에, formerly 전에, last 지난, recently 최근에, lately 최근에 등

☑ recently와 lately는 현재완료시제와도 사용할 수 있습니다.

※ 규칙동사와 불규칙동사

동사의 형태는 크게 용도와 시제에 따라서 [현재 – 과거 – 과거완료]의 3단계로 변합니다. 이것을 동사의 3단 변화라고 합니다.

❶ 규칙동사: 우리가 흔하게 사용하는 동사의 뒤에 –ed를 붙여주면 과거형태의 동사가 됩니다.

  a. –e로 끝나는 동사는 –d만 붙입니다.
     like – liked – liked
     agree – agreed – agreed
     hope – hoped – hoped
     die – died – died
     move – moved – moved
     love – loved – loved

b. 〈자음자 + y〉로 끝나는 동사는 y를 i로 바꾸고 -ed를 붙입니다.
    study - studied - studied
    cry - cried - cried
    try - tried - tried

c. 〈모음자 + y〉로 끝나는 동사는 그냥 -ed만을 붙입니다.
    play - played - played
    enjoy - enjoyed - enjoyed

d. 〈단모음자 + 자음자〉로 끝나는 단음절 동사는 마지막 자음을 하나 더 써주고 -ed를 붙입니다.
    stop - stopped - stopped
    beg - begged - begged
    rob - robbed - robbed
    plan - planned - planned
    occur - occurred - occurred

e. 2음절 동사로서 강세가 첫 음절에 있는 경우는 일반원칙에 따릅니다.
    visit - visited - visited
    enter - entered - entered

    ☑ 음절이란 간단히 말해 하나의 영어 단어 안에 각기 떨어져서 모음이 몇 번 발음이 되는지를 가리키는 것입니다.
    beau · ti · ful (3음절), old(1음절)

f. 그 밖의 규칙동사는 모두 단어의 끝에 -ed를 붙여 과거/과거분사형을 만듭니다.

❷ 불규칙동사: 과거 혹은 과거완료에 -d/-ed를 붙이지 않는 동사입니다.
  a. 현재, 과거, 과거완료의 형태가 같은 동사
    put - put - put
    set - set - set
    let - let - let
    cut - cut - cut
  * read[riːd] - read[red] - read[red]는 형태는 같지만 발음이 다릅니다.

b. 현재와 과거완료의 형태가 같은 동사
    come – came – come
    run – ran – run
    become – became – become

c. 과거와 과거완료의 형태가 같은 동사
    find – found – found
    buy – bought – bought
    bring – brought – brought
    catch – caught – caught
    have – had – had
    say – said – said
    hear – heard – heard
    keep – kept – kept
    make – made – made
    sell – sold – sold

d. 현재, 과거, 과거완료의 형태가 모두 다른 동사
    begin – began – begun
    choose – chose – chosen
    drive – drove – driven
    forget – forgot – forgotten
    go – went – gone
    write – wrote – written

IELTS 문장 맛보기 + 다시 써보기

- The development of tourism <u>led</u> to the globalisation of the English language.
  관광업의 발전이 전 세계적으로 영어를 쓰도록 이끌었습니다.

⇨ _____

2. 과거진행(주어 + were/was + 동사-ing)

과거진행은 과거의 어떤 한 시점에서 일어나고 있었던 일에 대해 설명할 때 사용합니다.

- I was working at 10 P.M. last night.
  저는 어제 밤 10시에 일하고 있었습니다.
  - 모든 과거진행형 시제는 꼭 be동사의 과거형을 같이 사용해야 합니다. were 혹은 was를 사용하고 뒤에 동사-ing를 붙여서 나타낼 수 있습니다. 물론, 이때에도 과거의 시간을 나타내는 단어(last night 등)와 같이 쓰입니다.

IELTS 문장 맛보기 + 다시 써보기

- I was thinking of buying a house last night.
  저는 어젯밤에 집을 사는 것을 생각하고 있었습니다.

⇨ _____

3. 과거완료(주어 + had + p.p)

과거완료라는 시제는 사실 우리들에게 상당히 생소하기 때문에 사용할 때 더 신경을 많이 쓰게 됩니다. 하지만, 사용법을 알면 간단합니다. 과거완료는 어떤 사건이 일어난 과거시점보다 이전에 일어난 사건에 대해서 이야기할 때 사용하는 시제입니다. 그러니, 과거시제와 함께 사용하는 것이 일반적입니다.

- After I had sent a letter, I did not receive any response.
  제가 편지를 보낸 후 아직 어떤 답장도 받지 못했습니다.
  - 과거완료를 사용하기 위해서 과거시제를 같이 사용하고 있습니다. 일어난 순서를 보면, '편지를 보낸' 것이 먼저 일어났기에 과거완료를 사용하였고, 그다음에 '답장을 못 받은' 것이므로 과거시제를 사용하였습니다.
    - 보통 과거분사(p.p)는 시제와 직접적으로 관련된 것은 아니지만, 완료시제(과거완료, 현재완료, 미래완료)나 수동태(동작을 받는 형태)를 만들 때 주로 사용하게 됩니다.

Unit 03

IELTS 문장 맛보기 + 다시 써보기

- By the time I arrived at the cinema, the movie <u>had</u> already <u>started</u>.
  제가 영화관에 도착했을 때, 이미 영화는 시작했습니다.

⇨ _____

4. 현재(주어 + 현재동사)

현재시제는 현재의 상태를 말하는 시제라고 생각하기 쉽지만 더 광범위한 의미가 있습니다. 쉽게 바뀌지 않는 시제라고 생각하시면 됩니다.

① 불변의 진리

- The sun rises in the east.
  해는 동쪽에서 뜹니다
  ◐ '해가 동쪽에서 뜬다'는 것은 일반적으로 변하지 않는 사실이기에 항상 현재시제를 사용합니다.

② 반복적인 패턴

- I play tennis every day.
  나는 매일 테니스를 칩니다.
  ◐ every day라는 단어가 와서 '매일 반복된다'는 것을 나타내기에 현재시제를 사용합니다.

③ timetable(시간표)

- The train leaves at 10 P.M.
  기차가 10시에 출발합니다.
  ◐ '정해진 시각에 기차가 출발한다'는 시간표에 관한 부분이므로 현재시제를 사용합니다.

현재시제와 주로 함께 사용하는 어구들은 다음과 같습니다.

every/each + 시간, now 현재, currently 현재에, presently 현재에, annually 연례로, weekly 주마다, daily 매일, 빈도부사(frequently 자주, occasionally 때때로, often 자주, usually 대체로) 등

IELTS 문장 맛보기 + 다시 써보기

- There <u>are</u> obvious disadvantages to learning a foreign language at an early age.
  어린 나이에 외국어를 배우는 것에는 명백한 단점들이 있습니다.

  ⇨ _____

5. 현재진행(주어 + is/am/are + 동사-ing)
현재진행은 현재 일어나고 있는 상황에 대해서 말할 때 사용합니다.

- We are learning English.
  우리는 영어를 배우고 있습니다.
  ◐ 〈are + learning〉이라는 현재진행시제를 사용해서 지금 무엇을 하고 있는지에 대해서 나타내고 있습니다.

※ 현재진행이 가까운 미래를 나타낼 수도 있습니다.

- We are leaning English next month.
  우리는 다음 달에 영어를 배울 예정입니다.
  ◐ 위의 예문에서와 같이 〈are + learning〉이라는 현재진행 시제를 사용하였지만, 뒤에 미래를 나타내는 단어 next month와 결합하여 전체적으로 미래를 나타내는 용법으로 사용하였습니다.

Unit 03

IELTS 문장 맛보기 + 다시 써보기

- English <u>is becoming</u> the most prominent language in the world.
  영어가 전 세계에서 가장 영향력 있는 언어가 되고 있습니다.

  ⇨ _____

6. 현재완료(주어 + have/has + p.p)

현재완료는 말 그대로 해석하면 됩니다. '현재(present)'와 '완료(perfect)'라는 두 단어가 합쳐진 것으로, '과거의 어느 시점에서 시작하고 지금까지 완료 혹은 계속되다'라는 의미로 사용합니다.

- They have worked on the project.
  그들은 그 프로젝트를 작업해왔습니다.

  ○ have worked라는 현재완료를 사용해서 '과거에서 지금까지 해왔다'라는 의미를 나타내고 있습니다.

※ 현재완료가 시간과 함께 사용하는 경우

– 주어 + have/has + p.p ┌ + for[in, over] + 숫자시간
                        └ + since ┌ + 과거시점
                                  └ + 주어 + 과거동사

- He has watched TV for two hours.
  그는 두 시간 동안 TV를 봤습니다.

- He has watched TV since he came back home.
  그는 집에 돌아온 이후로 TV를 봤습니다.

IELTS 문장 맛보기 + 다시 써보기

- The building <u>has served</u> as a performance venue for the past five years.
  그 건물은 지난 5년간 공연을 위한 무대로 사용되어왔습니다.

  ⇨ _____

7. 미래시제(주어 + will + 동사원형)

미래를 나타내는 시제는 크게 두 가지로 나눌 수 있습니다.

① 주어 + will + 동사원형(막연한 미래를 나타낼 때 사용하는 미래)

- I will take a break in an hour.
  저는 한 시간 후에 휴식시간을 가질 예정입니다.

② 주어 + am/are/is + going + to동사원형(정해진 미래를 나타낼 때 사용하는 미래)

- I am going to have a holiday next week.
  저는 다음 주에 휴가를 갖기로 되어 있습니다.

IELTS 문장 맛보기 + 다시 써보기

- There will be some changes in language courses in the near future.
  가까운 미래에는 언어 과정에 있어서 몇몇의 변화가 있을 것입니다.

⇨ _____

8. 미래진행(주어 + will + be + 동사-ing)

미래진행은 미래의 어느 시점에서 어떤 행동을 하고 있을 것을 나타낼 때 사용하게 됩니다.

- I will be eating dinner at 7 P.M.
  나는 7시에 저녁을 먹고 있을 것입니다.

  ○ 〈will + be +동사-ing〉의 미래진행 시제를 사용해서 미래의 어느 시점에서 무엇을 하고 있을지를 나타내고 있습니다.

IELTS 문장 맛보기 + 다시 써보기

- They will be preparing for the festival for most of today.
  그들은 오늘 거의 하루 종일 페스티벌을 준비하고 있을 것입니다.

⇨ _____

9. 미래완료(주어 + will + have + p.p)

미래완료는 과거의 어느 시점부터 시작해서 미래의 어느 시점에서 끝나게 되는 시간을 지금 현재에서 말하고 있다고 생각하면 됩니다.

- I will have worked for the company for 30 years by next year.
  내년이 되면 나는 이 회사에서 30년을 일한 것이 됩니다.
  - ○ for 30 years라는 기간 동안 그 이전부터 일을 계속 해왔으며, 내년이면 그것이 30년이 된다는 것을 미래완료인 〈will + have worked〉를 사용하였습니다.

IELTS 문장 맛보기 + 다시 써보기

- On July 29th, the play will have been shown on Broadway for 8 years.
  7월 29일이 되면 그 연극은 지난 8년 동안 브로드웨이에서 공연하게 되는 것입니다.

⇨ _____

Unit 04 동사의 수동태

수동태라는 말에 대해 정의해보겠습니다. 여기서 수동은 직접 행동을 하는 것이 아닌 동작을 받는 것을 의미하며, '받을 수(受)'와 '동작'이 합쳐져서 수동태라는 말이 나온 것입니다.

- [능동태] I clean the room. 저는 방을 청소합니다.

- [수동태] The room is cleaned (by me). 방이 청소됩니다.
  be동사 + p.p

  ○ 위의 문장은 주어인 I가 동사인 clean을 행하는 것이기 때문에 직접 행동을 하는 능동태라고 합니다. 아래의 문장은 주어인 The room이 동사인 clean을 할 수 없기 때문에 수동태인 ⟨is + cleaned⟩를 사용하였습니다.

1. 수동태의 형태(주어 + be동사 + p.p)

수동태의 형태에서 가장 중요한 것은 바로 꼭 be동사가 필요하다는 것입니다. be동사 없이 사용되는 수동태는 없습니다.

- The car is broken.
  차가 고장 났습니다.

  ○ 주어인 The car가 break하는 상황이 아니기 때문에 수동태를 사용해야 하는데, 이때 주어 다음에 is라는 be동사를 절대 잊지 말고 사용해야 합니다.

2. 수동태의 변환

영어 문장은 행위의 주체가 누구냐에 따라 크게 수동태와 능동태로 분류합니다. 그리고 그 형태들은 서로 변환이 가능합니다. 이 부분을 알아둔다면 활용성이 더욱 넓어질 것입니다.

- We send letters. 우리는 편지를 보냅니다.

- Letters are sent (by us). 편지가 보내집니다.
  be동사 + p.p

3. 수동태의 시제

수동태의 시제는 전적으로 be동사에 따라서 달라집니다.

- The letter was sent to me.
  그 편지가 나에게 보내졌습니다.

Unit 04

> ○ 주어 다음에 was라는 be동사의 과거형이 나왔기 때문에 과거시제입니다. 그 뒤에 따라오는 p.p형태는 시제와 무관합니다.

- The letter will be sent to me.
  그 편지가 제게 보내질 것입니다.
  > ○ 주어 다음에 미래시제 will be가 사용되었습니다.

4. 수동태에서 사용되는 전치사

보통, 수동태 〈be+ p.p〉 다음에 전치사 by를 사용해서 '누가 동작을 했는지'를 말해주지만, 필수적인 것은 아닙니다.

- The trees were fallen by the truck.
  나무들이 그 트럭 때문에 쓰러졌습니다.
  > ○ 수동태 were fallen 다음에 '누구에 의해서 당했는지'를 말해주기 위해서 전치사 by를 사용하였습니다.

※ 수동태 다음에 항상 전치사 by만 오는 것은 아닙니다. by 외에 다른 전치사가 오는 구문은 다음과 같습니다.

> be satisfied(dissatisfied) with ~에 (불)만족하다, be acquainted with ~에 익숙해지다, be pleased[delighted] with ~에 기쁘다, be crowded with ~로 붐비다, be associated with ~와 연관 있다(= be involved in = be related to), be known for ~로 알려져 있다 be exposed to ~에 노출되다, be interested in ~에 흥미를 갖다, be concerned about[with] ~에 관심을 가지다

IELTS 문장 맛보기 + 다시 써보기

- His salary is not justified by his performance.
  그의 급여는 그의 업무활동에 의해서 정당화되지 않습니다.

  ⇨ _____

- The gardens <u>are maintained</u> by highly experienced groundskeepers.
  정원들은 상당히 경험이 많은 관리자들에 의해 유지됩니다.

  ⇨ _____

- The rise in gas prices <u>is related</u> to soaring oil prices in the Middle East.
  휘발유의 가격의 상승이 중동에서의 오일가격 상승과 관련이 있습니다.

  ⇨ _____

- Dr. Haskell's research <u>is connected</u> with scientific developments in agriculture.
  Haskell 박사의 연구는 농업에 있어서의 과학적 발전과 관련이 있습니다.

  ⇨ _____
  _____

- Permit holders <u>are entitled</u> to park anywhere in the parking lot.
  허가증을 소지하고 있는 사람들은 주차장에 어느 곳에 주차를 하셔도 됩니다.

  ⇨ _____

Exercise 밑줄에 알맞은 어휘를 넣어서 문장을 완성하세요.

01 The _____ _____ over the years.
그 잡지의 구독률이 수년간 증가해왔습니다. (increased / readership)

02 _____ _____ in the past five years.
주택 가격이 지난 5년 동안 현저히 떨어져왔습니다. (house prices / considerably)

03 _____ in the factory _____ this month.
이번 달 공장의 생산성이 떨어졌습니다. (productivity)

04 _____ for tablet computers _____ since 2013.
태블릿 컴퓨터의 수요가 2013년 이후로 급격히 증가해왔습니다. (demand / dramatically)

05 The number of _____ _____ over the past year.
고객들의 불평 수가 지난해에 걸쳐 감소해왔습니다. (complaints / decreased)

06 Many people _____ every year.
많은 사람들이 매년 캐나다로 이민을 갑니다. (immigrate)

07 Lots of innovative ideas _____ during _____.
많은 혁신적인 아이디어들이 브레인스토밍 회의 중에 나옵니다. (brainstorming / emerge)

08 The company _____ into a _____.
그 회사는 대표적인 자동차 제조업체로 발전했습니다. (evolved / leading)

Exercise 밑줄에 알맞은 어휘를 넣어서 문장을 완성하세요.

09 Some plant species will _____ from the area _____.

어떤 식물의 종류는 오염 때문에 지역에서 사라질 것입니다. (pollution / disappear)

10 The research team _____ that the survey was _____.

그 연구 팀은 그 조사가 잘못됐다고 결론지었습니다. (flawed / concluded)

11 It seems _____ that we should _____.

담배세가 인상되는 것이 정당해 보입니다. (cigarette taxes / justifiable)

12 Many people _____ that they may _____.

많은 사람들은 그들이 해고될지도 모른다고 걱정했습니다. (concerned / fired)

13 _____ is _____.

세계 빈곤은 심각한 문제입니다. (poverty)

14 It is difficult to _____ _____.

정신질환이 무엇인지 정의를 내리기가 힘듭니다. (define / what)

15 Girls _____ to be _____.

소녀들은 소년들보다 더욱 연약해 보입니다. (appear / delicate)

16 It _____ that many people are _____.

많은 사람들이 많은 스트레스를 받고 있는 것 같습니다. (seems / under)

17 There are several ways _____.

새로운 고객들을 유치하는 몇몇의 방법들이 있습니다. (attract)

Exercise 밑줄에 알맞은 어휘를 넣어서 문장을 완성하세요.

18 Only managers can _____.
   오직 책임자들만이 주요 연구실에 들어갈 수 있습니다. (access)

19 It is important to _____.
   경험이 있는 직원들을 유지하는 것이 중요합니다. (retain)

20 The government will _____.
   정부는 엄격한 주차규정을 시행할 것입니다. (enforce)

21 The company _____ for promotion.
   그 회사는 직원들에게 많은 승진의 기회를 제공합니다. (offers)

22 The career fair will _____ to find a job.
   취업박람회는 사람들에게 직업을 찾는 기회를 제공할 것입니다. (give)

23 Michael _____ at least once a year.
   Michael은 적어도 일 년에 한 번 자선단체에 돈을 기부합니다. (give)

24 Most teachers also _____

   in evening classes.
   대부분의 선생님들은 그들의 학생들이 저녁수업에 참여하라고 요청합니다. (ask)

25 We _____ our lives.
   우리는 매스미디어가 우리의 삶에 영향을 주도록 합니다. (let / affect)

Part 4

수식어구의 종류

Unit 01	형용사
Unit 02	부사
Unit 03	비교급
Unit 04	최상급
Unit 05	분사
Unit 06	to부정사
Unit 07	관계사

Unit 01 형용사

형용사는 명사의 앞에서 명사를 수식하는 품사입니다. 필수적인 성분이라기보다는 명사를 수식하는 성격이 강해서 보통 명사와 함께 사용한다고 생각하면 됩니다.

- She is a beautiful woman.
  그녀는 아름다운 여성입니다.

  ○ be동사 is 다음에 있는 명사 a woman의 앞에 명사를 수식하는 형용사 beautiful을 넣어서 어떤 여성인지 꾸며주고 있습니다.

1. 형용사의 형태

형용사의 형태는 보통 어떤 특정한 접미사를 갖는 경우가 대부분입니다.

⇨ – al, –ent, –ant, –ful, –ive, –ous, –ic 등

- This is an expensive car.
  이것은 비싼 차입니다.

  ○ 명사 car 앞에서 명사를 수식하는 형용사 expensive를 사용하고 있습니다.

2. 형용사의 위치 및 역할

형용사는 명사를 수식하는 역할을 하기 때문에 명사의 앞에 사용되는 경우가 대부분이지만, 그 외의 경우에 대해서도 알아보도록 하겠습니다.

■ 형용사의 위치

주어	+	be/become			+	형용사
형용사	+	명사				
주어	+	make/find/keep/deem/consider	+	목적어	+	형용사

① 주어 + be동사 + 형용사

- The question is difficult.
  그 질문은 어렵습니다.

  ○ be동사 is 다음에 형용사 difficult가 나와서 문장의 맨 앞에 나온 주어 The question을 수식하고 있습니다.

110

② 형용사 + 명사

- This is a serious problem.
  이것은 심각한 문제입니다.
  ◯ 명사 problem 앞에 수식하는 형용사 serious를 사용하였습니다.

③ 주어 + make/find/keep/deem/consider + 목적어 + 형용사

- I made the problem more complex.
  제가 그 문제를 더 복잡하게 만들었습니다.
  ◯ 동사 made 뒤에 있는 목적어 the problem을 수식할 수 있는 형용사 more complex를 사용하였습니다.

3. 수량형용사

일반적으로 명사를 수식함에 있어서 어느 정도의 수 혹은 양이 있는지를 설명해주는 것이 바로 수량형용사입니다.

- There are some flowers in the garden.
  정원에 약간의 꽃들이 있습니다.
  ◯ 명사 flowers 앞에 수량형용사 some이 나와서 수식하고 있습니다.

※ 수량형용사의 종류

all, most, many, much, a lot of, plenty of, lots of, some, any, few, a few, little, a little, every, each 등

- I have many books.
  저는 많은 책을 갖고 있습니다.
  ◯ 명사 books 앞에 수량을 나타내는 형용사 many를 사용하였습니다.

※ 수량형용사와 명사의 관계

few(부정의 의미: 거의 없는) / a few(긍정의 의미: 약간 있는)	+ 복수명사
little(부정의 의미: 거의 없는) / a little(긍정의 의미: 약간 있는)	+ 단수명사(불가산명사)
some/any	+ 복수명사 또는 단수명사
several	+ 복수명사
every / the entire / each	+ 단수명사
many	+ 복수명사
much	+ 단수명사(불가산명사)
all / the whole	+ 복수명사
a lot of / lots of / plenty of	+ 복수명사 또는 단수명사(불가산명사)
a great deal of	+ 단수명사(불가산명사)
this	+ 단수명사
that	+ 단수명사
these	+ 복수명사
those	+ 복수명사
another	+ 단수명사(가산명사)
(the) other	+ 복수명사/불가산명사

IELTS 문장 맛보기 + 다시 써보기

- Pesticides also cause <u>serious</u> damage to the environment.
  살충제들이 환경에 지대한 손상을 일으킵니다.

  ⇨ _____

- Working out every day is (really) <u>important</u>.
  매일 운동하는 것은 상당히 중요합니다.

  ⇨ _____

- <u>Good</u> teamwork speeds up <u>crucial</u> projects.
  좋은 팀워크는 중요한 프로젝트를 더욱 속도를 낼 수 있게 해줍니다.

  ⇨ _____

- Refrigerated fruits keep us <u>cool</u> when it is <u>warm</u>.
  냉장고에 있던 과일들은 더울 때 우리를 시원하게 유지시켜줍니다.

  ⇨ _____

- I enjoy solving <u>several</u> puzzles.
  저는 몇몇의 퍼즐을 푸는 것을 즐깁니다.

  ⇨ _____

- Chewing gum is <u>another</u> way to exercise your brain.
  껌을 씹는 것은 당신의 뇌를 운동시키는 다른 방법입니다.

  ⇨ _____

- <u>Some</u> employers treat their employees with a great deal of respect.
  어떤 고용주들은 상당한 존경심을 갖고 직원들을 대합니다.

  ⇨ _____

- Having a bath together can provide a baby with plenty of <u>fun</u> discoveries.
  목욕을 같이하는 것은 아이에게 많은 재미있는 발견들을 하게 해줍니다.

  ⇨ _____

- Researchers can work on their own without <u>a lot of</u> attention.
  연구원들은 많은 주의 없이 그들 스스로 일을 할 수 있습니다.

  ⇨ _____

- Individuals should make a <u>considerable</u> effort to reduce pollution.
  개인들은 오염을 줄이기 위해서 상당한 노력을 기울여야 합니다.

  ⇨ _____

Unit 01

- We should be <u>considerate</u> to <u>other</u> drivers.
  우리는 다른 운전자들에게 배려해야 합니다.

  ⇨ _____

- A person who is <u>confident</u> can solve problems more quickly.
  자신감이 있는 사람은 문제를 좀 더 빨리 해결할 수 있습니다.

  ⇨ _____

- Only those with <u>proper</u> authorisation can access <u>confidential</u> information.
  적절한 허가를 받은 사람들만이 기밀정보에 접근할 수 있습니다.

  ⇨ _____

- When I stayed at a hotel in London, I was very <u>impressed</u> with the service.
  런던에 있는 호텔에서 머물렀을 때, 저는 그 서비스에 상당히 깊은 인상을 받았습니다.

  ⇨ _____

- If anyone wants to get a job in Korea, he/she must have an <u>impressive</u> resume.
  만약 한국에서 직업을 갖기를 원하는 사람은 인상적인 이력서를 갖고 있어야 합니다.

  ⇨ _____
  _____

- Hospital staff have to use <u>reliable</u> medical instruments.
  병원 직원들은 믿을 만한 의료기구들을 사용해야 합니다.

  ⇨ _____

- Some countries are becoming <u>reliant</u> on oil imports from Nigeria.
  어떤 나라들은 나이지리아에서 원유를 수입하는 것에 의존적이 되어갑니다.

  ⇨ _____

- The purpose of <u>economic</u> growth is to foster employment.
  경제 성장의 목적은 고용을 더 촉진하는 것입니다.

  ⇨ _____

- A market survey revealed a <u>strong</u> preference for gas stoves over <u>electric</u> ones because gas stoves are <u>more economical</u>.
  시장조사는 가스레인지가 더 경제적이기 때문에 가스레인지에 대한 강한 선호를 보여줬습니다.

  ⇨ _____

- To become a <u>successful</u> manager, it is <u>essential</u> to be highly qualified.
  성공적인 매니저가 되기 위해서는 상당한 자격을 갖추는 것이 필요합니다.

  ⇨ _____

- They have won three <u>successive</u> matches in a row.
  그들은 연속해서 세 번 경기를 이겼습니다.

  ⇨ _____

- Vietnam found it <u>hard</u> to sell their produce even at discounted prices.
  베트남은 심지어 할인된 가격으로 그들의 농산물을 파는 것도 어려움을 겪었습니다.

  ⇨ _____

- I want to become a <u>national</u> celebrity who earns more than £1 million a year.
  저는 1년에 백만 파운드 이상 버는 세계적인 유명인이 되기를 원합니다.

  ⇨ _____

- I appreciate all of the <u>hard</u> work.
  저는 모든 힘든 작업에 대하여 감사합니다.

  ⇨ _____

Unit 02 부사

부사의 영어이름은 adverb입니다. 말 그대로 'verb(동사)'에 'ad(더하다)'라는 의미로서 동사에 뜻을 더해주는 역할을 하는 것이 일반적입니다. 물론, 수식어구이기에 굳이 사용하지 않아도 상관없습니다.

- We recently moved to L.A.
  우리는 최근에 LA로 이사했습니다.
  ○ 부사 recently가 동사 moved 앞에서 동사를 수식하고 있습니다. 물론, 이 문장에서 부사는 없어도 문장을 이루는 데는 이상이 없습니다.

1. 부사의 형태

보통 부사의 형태는 〈형용사 + -ly〉의 형태를 갖지만, 단어 자체가 부사인 것들도 상당히 많이 있습니다.

- He rarely eats breakfast.
  그는 거의 아침을 먹지 않습니다.
  ○ 동사 eats 앞에 부사 rarely를 사용했습니다. 이때, rarely는 형용사 rare 뒤에 -ly를 붙여서 만든 부사입니다.

- He always eats breakfast.
  그는 항상 아침을 먹습니다.
  ○ 동사 eats 앞에 부사 always를 넣어서 수식하고 있습니다. 이때, always는 자체가 부사입니다.

2. 부사의 역할과 위치

부사는 주로 동사를 수식하지만, 뒤에 따라오는 형용사 혹은 부사를 수식할 수도 있습니다. 그리고 부사는 동사의 앞뒤에 나올 수 있으며, 경우에 따라서는 문장의 맨 앞이나 맨 뒤에 나올 수도 있습니다.

① 부사는 동사의 앞이나 뒤에서 동사를 꾸며줍니다.

- She hardly works.
  그녀는 일을 거의 안 합니다.

② 부사는 형용사의 앞에서 형용사를 꾸며줍니다.

- She is really beautiful.
  그녀는 정말 아름답습니다.

③ 부사는 다른 부사를 꾸며줍니다.

- She drives extremely cautiously.
  그녀는 매우 조심스럽게 운전합니다.

④ 부사는 문장의 맨 마지막에서 동사를 꾸며줍니다.

- She bought a car cheaply.
  그녀는 차를 싸게 샀습니다.

⑤ 부사는 문장의 맨 앞에서 문장 전체를 이끕니다.

- Fortunately, she escaped from a fire.
  운이 좋게도 그녀는 불길을 피했습니다.

IELTS 문장 맛보기 + 다시 써보기

- We do not know yet how billions of our brain cells work separately.
  우리는 수백만의 뇌세포가 어떻게 각각 작동을 하는지 아직 알지 못합니다.

⇨ _____

- The use of cars increased steadily from 35% in 1980 to 68% in 1998.
  자동차들의 사용은 1980년 35%에서 1998년 68%로 꾸준하게 증가했습니다.

⇨ _____

- A few buildings in our town were recently renovated.
  우리 지역에 있는 몇몇의 건물들이 최근에 보수되었습니다.

⇨ _____

- The number of telemarketers has <u>sharply</u> decreased over the last decade.
  텔레마케터들의 수가 지난 10년간 상당히 감소했습니다.

  ⇨ _____

- The United States uses <u>approximately</u> 40% of the world's resources.
  미국은 대략 전체 세계 자원의 40%를 사용하고 있습니다.

  ⇨ _____

- The rich people are <u>even</u> more price-sensitive.
  부자들은 심지어 더욱 가격에 민감합니다.

  ⇨ _____

- We have to make sure that wealth is <u>evenly</u> distributed throughout a country.
  우리는 나라 전체에서 부가 동등하게 배분되도록 해야 합니다.

  ⇨ _____

- Major companies tend to receive application forms from more <u>highly</u> qualified applicants.
  대기업들은 더욱 자격을 갖춘 지원자들의 지원서를 받는 경향이 있습니다.

  ⇨ _____
  _____

- I have complained that some issues arrived <u>late</u>.
  저는 몇몇의 잡지가 늦게 도착했다고 불평했습니다.

  ⇨ _____

- <u>Lately</u>, I have been developing a new software program.
  최근에, 저는 새로운 소프트웨어 프로그램을 개발해오고 있습니다.

  ⇨ _____

- It is <u>not yet</u> clear whether our plans will have a positive effect on environment.
  우리의 계획이 환경에 긍정적인 영향을 미칠지 아닐지는 아직 분명하지 않습니다.

  ⇨ _____

  _____

- There is <u>still</u> time to apply for the positions.
  아직 그 자리에 지원할 시간이 있습니다.

  ⇨ _____

- I could <u>hardly</u> believe that he had been elected president.
  저는 그가 대통령으로 선출된 것을 거의 믿을 수가 없었습니다.

  ⇨ _____

Unit 03 비교급

비교급은 비교하는 대상이 두 개일 때 사용하는 표현입니다.

1. 비교급의 형태

비교급의 형태는 크게 3가지로 나뉠 수 있습니다. 또한, 비교급에 사용하는 품사는 일반적으로 형용사 혹은 부사를 사용합니다.

① more/less + 형용사/부사 + than

- She is more beautiful than me.
  그녀는 나보다 더 아름답습니다.
  ○ more라는 단어를 형용사의 앞에 사용해서 비교급을 만들고 있습니다.

② 형용사/부사 + -er + than

- She is taller than me.
  그녀는 나보다 더 키가 큽니다.
  ○ 형용사 tall을 비교급 형태인 taller로 사용하고 있습니다.

③ as + 형용사/부사 + as

- The computer should be delivered as quickly as possible.
  그 컴퓨터는 가능한 한 빠르게 배달되어야 합니다.
  ○ 비교급을 나타내는 as - as에 부사 quickly를 넣어서 사용했습니다.

※ 비교급과 최상급에서의 형용사와 부사의 구별

비교급 혹은 최상급을 표현할 때 형용사를 써야 할 때와 부사를 써야 할 때가 다른데, 이를 구분하는 방법이 있습니다. 가장 가까이에 있는 동사의 형태가 be동사와 같은 계열인 2형식 자동사가 나오면 형용사를 사용하며, 그렇지 않은 경우에는 일반적으로 부사를 사용합니다.

- Refunds will be made as quickly as possible.
  환불이 가능한 한 빠르게 이루어질 것입니다.
  ○ as - as에서 가장 가까이에 있는 동사의 형태가 made이므로, 비교급은 부사를 사용합니다.

- Riding a bicycle is <u>becoming</u> more dangerous.
  자전거를 타는 것이 더욱 위험해지고 있습니다.
  - 문장에서의 동사가 becoming이므로 뒤에 오는 비교급인 more 다음에 형용사인 dangerous를 사용합니다.

2. 비교급을 강조하는 부사
비교급을 강조해서 더욱 두드러지게 해주는 부사들이 존재합니다.
⇨ far, by far, even, still, much, a lot + 비교급

- Driving a car is much more dangerous.
  차를 운전하는 것이 훨씬 더 어렵습니다.
  - 비교급 more 앞에 부사 much를 사용해서 강조하고 있습니다.

3. 비교급의 관용표현
비교급 표현 중에서 자주 사용되는 관용표현을 정리하겠습니다.

① The + 비교급, the + 비교급
원래 비교급에서는 관사 the를 사용하지 않지만, 이 표현에서는 the를 사용합니다. '~하면 할수록 더 …해지다'라는 표현으로 유용하게 사용할 수 있습니다.

- The harder you study, the higher your score will be.
  당신이 공부를 더 열심히 하면 할수록 당신의 점수가 더 높아질 것입니다.

② Of the two + 복수명사
문장에서 of the two를 사용하면 '둘 중에서'라는 의미로, 두 가지를 비교하는 것이므로 비교급을 사용하는데 이때에도 역시 비교급 앞에 정관사 the를 넣어줍니다.

- Of the two dates, I prefer the later date.
  두 개의 날짜 중에서 저는 더 뒤의 날짜를 선호합니다.

③ no longer than
'늦어도 ~까지는'라는 의미를 가집니다. 뒤에는 일반적으로 시간 개념이 옵니다.

- The renovation work will take no longer than one week.
  보수 작업이 일주일 이상 걸리지 않을 것입니다.

④ no longer
'더 이상 ~ 아니다'라는 의미를 가집니다. 부정의 의미를 가지는 부사로, 문장에서 없어도 문장 성립에는 이상이 없습니다.

- You are no longer a student.
  당신은 이제 더 이상 학생이 아닙니다.

Unit 04 최상급

최상급은 셋 이상 중에서 최고라는 의미로 사용하며, 비교급과 혼용하여 사용할 수 없습니다.

- She is the most beautiful woman.
  그녀는 가장 아름다운 여성입니다.
  ◐ the most라는 최상급을 사용하여 표현했습니다.

1. 최상급의 형태

최상급은 크게 두 가지의 형태로 나누어 사용하며, 보통 문장의 앞이나 뒤에 최상급을 한정시켜주는 한정어구들과 같이 사용합니다.

> The + [형용사/부사 + -(e)st] + ⎧ of + 복수명사(= among +복수명사)
> The + [most + 형용사/부사]   ⎨ in + 지역
>   ⎩ (that) + 주어 + have[has] ever + p.p

- This is the most efficient software that I have ever used.
  이것이 제가 사용한 것 중에서 가장 효율적인 소프트웨어입니다.
  ◐ 최상급 the most를 사용하면서 뒤에 that절을 써서 어떤 것 중에서 최고인지를 한정시켜주고 있습니다.

- He is the best student in our class.
  우리 반에서 그가 가장 뛰어난 학생입니다.
  ◐ 최상급 the best를 사용하면서 뒤에 in our class를 써서 지역 및 장소적으로 한정시켜주고 있습니다.

2. 최상급을 강조하는 부사

최상급을 강조해주는 부사는 자주 사용하는 것은 아니지만, 몇 가지만 알아두면 유용하게 사용할 수 있습니다.

▷ by far / single + 최상급

- JS Motors is by far the biggest company in London.
  JS Motors는 런던에서 단연 가장 큰 회사입니다.
  ◐ 부사 by far를 사용해서 최상급을 강조하고 있습니다. 물론, 문장에서 꼭 필요한 것은 아니므로 생략해도 괜찮습니다.

3. 최상급의 관용표현

최상급 표현 중에서 자주 사용되는 관용표현을 정리하겠습니다.

① at least

'적어도'라는 의미로, 보통 숫자 앞에서 자주 사용합니다.

- We need at least 7 people to work on the project.
  우리는 그 프로젝트를 하는 데 적어도 7명은 필요합니다.

② at the latest

'늦어도'라는 의미로, 보통 특정 시간 다음에 사용합니다.

- You must send the product by next Friday at the latest.
  당신은 늦어도 다음 주 금요일까지 물건을 보내주셔야 합니다.

IELTS 문장 맛보기 + 다시 써보기

- Once renovated, the new school will operate at a <u>more efficient</u> level than any other schools in the area.
  일단 보수가 되면, 새로운 학교는 이 지역에 있는 다른 학교들보다 더욱 효율적으로 운영될 것입니다.

  ⇨ _____

- People do not like to hear speeches that end up <u>longer</u> than expected.
  사람들은 예상했던 것보다 더 길어지는 연설을 듣는 것을 싫어합니다.

  ⇨ _____

- I make <u>as many mistakes as</u> my friends do.
  저는 제 친구들이 하는 실수들만큼 많은 실수를 저지릅니다.

  ⇨ _____

- It is <u>more difficult</u> to complete the first draft of my paper.
  제 논문의 초안을 완성하는 것이 더 힘이 듭니다.

  ⇨ _____

- Graduating from a university can help us to get a job <u>as quickly as</u> possible.
  대학을 졸업하는 것은 가능한 한 빨리 직업을 얻는 것을 도와줄 수 있습니다.

  ⇨ _____

- The cultivation of crops for direct human consumption is <u>much more efficient</u>.
  사람들의 소비를 위한 농작물을 경작하는 것은 훨씬 더 효율적입니다.

  ⇨ _____
  _____

- I think <u>the more</u> interviews I have, <u>the more</u> confidently I can prepare for them.
  저는 더 많은 인터뷰를 할수록 더욱 자신감 있게 인터뷰를 준비할 수 있다고 생각합니다.

  ⇨ _____
  _____

- It is extremely important to offer <u>the highest</u> quality of bread in the entire city to become one of <u>the best</u> bakers.
  최고의 빵집들 중 하나가 되기 위해서 시 전체에서 최상의 품질의 빵을 제공하는 것이 아주 중요합니다.

  ⇨ _____
  _____

- It is one of <u>the most impressive</u> movies (that) I have ever seen.
  그것은 제가 지금까지 봐왔던 가장 인상적인 영화들 중의 하나입니다.

  ⇨ _____

- Winning is not always <u>the most important</u> element in children's sports.
  아이들 스포츠에서 이기는 것은 항상 가장 중요한 요소가 되는 것은 아닙니다.

  ⇨ _____

- One of <u>the most frequently</u> asked questions is whether they can buy food online.
  가장 자주 물어보는 질문들 중 하나는 그들이 음식을 온라인에서 살 수 있는지에 관한 것입니다.

  ⇨ _____
  _____

- Advertising costs constitute <u>the single largest</u> expense in the publishing and marketing of the book.
  광고비는 책을 편찬하고 만드는 데 있어서 단 하나의 가장 큰 비용입니다.

  ⇨ _____
  _____

- The UK welcomed its <u>highest</u> number of refugees last year.
  영국은 작년에 가장 큰 수의 난민들을 환영했습니다.

  ⇨ _____

Unit 05 분사

분사는 형용사의 대체품으로 사용되는 것이 일반적이라서 형용사를 사용할 수 있는 곳이면 분사도 사용할 수 있습니다.

- There are some returned items at the store.
  그 상점에는 몇몇의 반품된 상품들이 있습니다.
  ◐ 명사 items 앞에서 분사 returned가 형용사처럼 사용되었습니다.

1. 분사의 형태

분사는 두 가지의 형태가 있습니다.

> 동사-ing(현재분사): ~하는(능동의 의미)
> p.p (과거분사): ~된(수동의 의미)

- I can purchase a watch at a discounted price.
  저는 시계를 할인된 가격으로 구매할 수 있습니다.
  ◐ 명사 price 앞에 과거분사 discounted를 사용하여 '할인된'이란 수동의 의미를 나타내었습니다.

- The surprising article made us angry.
  놀랄 만한 기사가 우리를 화나게 만들었습니다.
  ◐ 명사 article 앞에 현재분사 surprising을 사용하여 '우리를 깜짝 놀라게 만드는'이란 능동의 의미를 나타내었습니다.

2. 분사의 위치 및 역할

분사는 크게 4가지의 위치에서 형용사적인 역할을 하게 됩니다.

① 명사의 앞에서 명사를 수식

- I saw a broken car.
  저는 망가진 한 대의 차를 보았습니다.
  ◐ 명사 car 앞에 과거분사 broken을 사용해서 수동의 의미를 나타내고 있습니다.

※ 명사의 앞에 형용사로서 분사를 사용할 때, 현재분사와 과거분사의 구별

❶ 〈감정단어 + 사물명사〉는 사물이 감정을 받을 수 없으므로 현재분사를 사용합니다.

· An interesting game ended at 5 P.M.
  흥미로운 게임이 오후 5시에 끝났습니다.

  ○ 명사 game 앞에 현재분사 interesting을 사용하여 능동의 의미를 나타내고 있습니다. game이라는 명사가 감정을 받을 수 없으므로, 사물에게는 항상 감정단어의 현재분사만 사용합니다.

❷ 〈자동사 + 사물명사〉는 자동사가 수동태로 사용될 수 없기 때문에 수동태에서 나온 과거분사를 사용할 수 없습니다. 따라서 현재분사를 사용합니다.

· There is an increasing demand for hybrid cars.
  하이브리드 자동차에 대한 증가하는 수요가 있습니다.

  ○ 명사 demand 앞에 현재분사 increasing을 사용했습니다. 1형식 자동사인 increase는 수동태로 바꿀 수 없기에 p.p를 사용하지 않고, 현재분사인 increasing만 사용합니다.
  ☑ 단, 이 단어에 한해서 increased라는 자체 형용사가 존재하므로 둘 모두 사용 가능합니다.

❸ 〈감정이 아닌 단어 + 사물명사〉는 일반적으로 감정이 아닌 단어들이 사물명사에 대해 수동의 의미로 자주 사용하므로 수동태에서 나온 과거분사인 p.p를 사용합니다.

· All the used paper should be recycled.
  모든 사용된 종이들은 재활용해야 합니다.

  ○ 명사 paper 앞에 과거분사 used를 사용하였습니다. 사물명사인 paper가 사용하는 것이 아니고 사용되는 것이므로 수동의 의미인 p.p를 사용합니다.

❹ 〈감정단어 + 사람명사〉는 사람이 감정을 받을 수 있기 때문에 일반적으로 과거분사를 사용합니다.

· There are some disappointed teachers.
  실망한 몇몇의 선생님들이 계십니다.

  ○ 사람명사 teachers 앞에 disappointed라는 감정을 나타내는 과거분사를 사용하였습니다.

❺ 〈감정이 아닌 단어 + 사람명사〉는 어떤 단어와 함께 사용하느냐에 따라 현재분사, 과거분사 모두 사용 가능합니다.

- The hired employees should attend the meeting.
  고용된 직원들은 회의에 참석해야 합니다.
  - 사람명사 employees 앞에 hired가 나와서 '고용된'이라는 수동의 의미가 되므로 과거분사를 사용하였습니다.

② 명사의 뒤에서 명사를 수식
명사의 뒤에서 명사를 수식하는 경우에는 현재분사와 과거분사의 사용이 조금 더 명확해집니다.

a. 명사 + 현재분사

- There is someone reading a newspaper.
  신문을 읽고 있는 누군가가 있습니다.
  - 명사 someone 뒤에 현재분사 reading을 사용하였는데, 이는 그 뒤에 a newspaper라는 명사(목적어)가 나왔기 때문입니다.

b. 명사 + 과거분사

- There are some dishes stacked on the shelves.
  선반 위에 몇 개의 접시들이 쌓여 있습니다.
  - 명사 dishes 뒤에 과거분사 stacked라는 과거분사를 사용하였는데, 이는 뒤에 곧바로 명사(목적어)가 없기 때문에 수동태(be + p.p)에서 나온 과거분사를 사용한 것입니다.

③ be동사 뒤의 분사
be동사의 뒤에 보어로 형용사가 나오게 되는데, 그 형용사를 대신해서 분사도 사용 가능합니다. be동사의 뒤에 감정을 나타내는 분사가 오면 주어에 따라서 현재분사와 과거분사를 나눠서 사용하게 됩니다.

- The game is interesting.
  그 게임은 재미있습니다.
  - be동사 is가 나오고 그 뒤에 interesting이라는 현재분사가 사용되었습니다. be동사 뒤에 감정을 나타내는 분사가 오면, 주어가 사물인지 사람인지에 따라서 다르게 사용됩니다. 이 문장의 주어가 사물명사 The game인데, 사물은 감정을 받을 수 없으므로 현재분사 interesting을 사용하였습니다.

- I was disappointed with your report.
  저는 당신의 보고서에 실망했습니다.
  - be동사 was 뒤에 과거분사 disappointed가 사용되었습니다. 주어가 I라는 사람인데, 사람명사는 감정을 받을 수 있으므로 과거분사 disappointed를 사용하였습니다.

④ 5형식 동사에서의 분사의 활용
5형식 동사 중에서 몇 종류의 동사들은 목적어 뒤에 형용사를 취하게 되는데, 그때 분사를 대신해서 사용할 수 있습니다. 〈주어 + 동사(make, find, keep, consider) + 목적어 + 보어(형용사/분사)〉의 형태로 사용됩니다.

- I found the movie exciting.
  저는 그 영화가 흥미로웠다고 생각했습니다.
  - 5형식 동사 found 뒤에 목적어로 사물명사 the movie가 나오고, 그 뒤에 목적어를 보충해주는 목적보어로 현재분사 exciting이 나왔습니다. 앞의 목적어 자리에 사물명사가 나오고, 그 목적어를 보충해주는 분사로서 감정이 나왔기 때문에 현재분사 exciting을 사용한 것입니다.

- We always try to keep our family pleased.
  우리는 우리의 가족들을 기쁘게 해주려고 노력합니다.
  - 5형식 동사 keep 뒤에 사람명사 our family가 목적어로 사용되었으며, 그 뒤에 감정분사의 과거분사 형태인 pleased가 사용되었습니다. 목적어가 사람이며 분사가 감정이 나왔으니 p.p형태를 사용한 것입니다.

⑤ 분사구문
분사구문을 좀 더 쉽게 이해하기 위해서는 그 형태와 쓰임을 잘 알아두어야 합니다. 우선, 이름에서 보듯이 '분사', '구(문장이 아닌 형태)' 그리고 '문(문장 혹은 절)' 이렇게 세 가지가 섞인 형태라고 생각하시면 됩니다.

분사구문은 문장에서 다음과 같은 위치에 사용됩니다.

> ❶ 주어 + 동사 ~ , 분사 + 구
> ❷ 분사 + 구, 주어 + 동사 ~
> ❸ 주어, 분사 + 구, 동사 ~

분사구문의 해석은 생략된 접속사에 따라서 달라질 수 있지만, 보통 and라는 접속사가 생략된 경우가 많습니다.

분사구문의 형태를 살펴봅시다.

a. 현재분사 + 목적어(명사) / 과거분사 + ~~목적어(명사)~~

- Receiving the letter, I will reply to it.
  그 편지를 받자마자 그에 대한 답장을 쓸 것입니다.
  - ◐ 현재분사 receiving이 나와서 그 뒤에 목적어(명사)인 the letter가 나왔습니다. 그리고 그 뒤에 문장이 사용되고 있습니다. 즉, 현재분사(동사-ing)를 사용하면 그 뒤에 목적어인 '명사'가 필요하고, 과거분사(p.p)를 사용하면 그 뒤에 목적어가 필요 없습니다.
  - ☑ 분사구문을 원래 문장으로 전환하기 위해서는 아래 문장처럼 접속사가 필요합니다.
    - As soon as I receive the letter, I will reply to it.
      - ◐ 접속사 as soon as가 오고, 그 뒤에 완전한 문장이 오기 위해 주어인 I를 사용하고, 그 뒤에 완벽한 동사형태인 receive를 사용하였습니다.

b. with 분사구: with + 명사 + 분사

- I was sitting with my legs crossed.
  저는 다리를 꼬고 앉아 있었습니다.
  - ◐ I was sitting이라는 문장에 동시에 어떤 상태를 더하고 싶을 때 〈with + 명사 + 분사〉를 사용할 수 있는데, 여기서는 다리를 꼬고 있다는 의미로 사용되었습니다. 특히 my legs 다음에 과거분사 crossed를 사용하였는데, 그 뒤에 또 다른 목적어(명사)가 없기에 그렇습니다.

c. 완료형 분사구문: Having + p.p, 주어 + 동사 ~
말 그대로 뒤에 따라오는 문장의 시제보다 먼저 일어났다는 것을 말해주기 위해 사용하는 분사구문입니다.

- Having finished my work, I will go on a trip.
  일을 끝냈기 때문에 저는 여행을 떠날 것입니다.
  - ◐ Having finished라는 완료형 분사형태를 사용한 것은 뒤에 따라오는 문장의 시제보다 이미 '일을 끝낸 것'이 먼저 일어난 경우라는 것을 말해주기 위함입니다.

Unit 05

IELTS 문장 맛보기 + 다시 써보기

- <u>Returned</u> items can be purchased at considerably <u>discounted</u> prices.
  반품된 물품들은 상당히 할인된 가격으로 구매 가능합니다.

  ⇨ _____

- There is an <u>increasing</u> demand for home appliances.
  가전제품에 대한 더욱 증가하는 수요가 있습니다.

  ⇨ _____

- The <u>surprising</u> document has been sent to the government.
  깜짝 놀랄 만한 서류가 정부로 보내졌습니다.

  ⇨ _____

- There are some documents <u>including</u> confidential information.
  기밀정보가 포함되어 있는 몇몇의 서류들이 있습니다.

  ⇨ _____

- We have to recycle paper <u>used</u> in our office.
  우리는 사무실에 있는 다 쓴 종이를 재활용해야 합니다.

  ⇨ _____

- The game is <u>interesting</u>.
  게임이 흥미롭습니다.

  ⇨ _____

- I was <u>surprised</u> when I saw my mother singing a song.
  저희 어머니가 노래를 부르시는 것을 봤을 때, 저는 깜짝 놀랐습니다.

  ⇨ _____

- I found the movie <u>exciting</u>.
  저는 그 영화가 흥미롭다는 것을 알아냈습니다.

  ⇨ _____

- Many companies try to keep their employees <u>satisfied</u> with their work.
  많은 회사들은 그들의 직원들이 그들의 일에 만족하도록 유지하려고 노력하고 있습니다.

  ⇨ _____

- We often find some newspaper articles really <u>interesting</u>.
  우리는 종종 몇몇의 신문 사설들이 흥미롭다는 것을 찾아냅니다.

  ⇨ _____

- We are evaluating the effectiveness of the new drug, <u>making</u> sure that it has no side effects.
  우리는 새로운 약이 부작용이 없다는 것을 확신하기 위해 그 효과를 평가하고 있습니다.

  ⇨ _____
  _____

- With the debt <u>repaid</u>, the customer's file has been closed.
  그 빚이 다 갚아졌기 때문에 고객의 파일이 마무리되었습니다.

  ⇨ _____

- <u>Having finished</u> my project, I will have a vacation.
  저의 일을 끝냈기 때문에 저는 휴가를 갈 것입니다.

  ⇨ _____

Unit 06 to부정사

to부정사에 관해서는 Chapter 2에서 언급했으니, 여기서는 수식어구로서의 용법을 설명하겠습니다.

1. to부정사의 형용사적 용법

말 그대로 명사를 수식하는 역할을 말하며, 다만, 명사의 앞이 아닌 뒤에서 명사를 수식하는 역할을 하게 됩니다.

- I have a chance to go abroad.
  저는 해외로 나갈 기회를 갖고 있습니다.
  - ◎ 명사 a chance 뒤에 to go abroad라는 to부정사가 나와서 '어떤 기회인지'에 대해서 설명해주고 있습니다. 이런 용법을 to부정사의 형용사적 용법이라고 말합니다.

■ to부정사의 수식을 주로 받는 명사들의 종류

> chance 기회, opportunity 기회, way 방법, ability 능력, effort 노력, decision 결정, authority 권한, right 권리, authorisation 허가, time 시간 등

- We have the right to vote for a new president.
  우리는 새로운 대통령을 뽑을 권리가 있습니다.
  - ◎ 명사 the right 다음에 to vote for(~에게 투표할)라는 to부정사가 나와서 '어떠한 권리'인지에 대해서 설명하고 있습니다.

- I made every effort to pass the exam.
  저는 그 시험에 통과하기 위해 모든 노력을 기울였습니다.
  - ◎ 명사 effort(노력) 다음에 to pass the exam(시험에 통과하기 위한)이라는 to부정사가 나와서 '어떤 노력'인지에 대해서 수식하고 있습니다.

2. to부정사의 부사적 용법

to부정사는 형용사적 용법으로 명사를 수식할 수 있지만, 부사적인 용법으로 사용될 때는 문장에 추가적인 의미를 부여할 수 있습니다.

- She bought a new car to go to work.
  그녀는 회사에 가기 위해서 새로운 차를 샀습니다.
  - ◌ to go to work이라는 to부정사가 문장에서 의미를 더하는 수식 역할을 하고 있습니다. 물론, 없어도 상관은 없습니다.

※ to부정사의 부사적 용법에서의 3가지 사용법

❶ ~하기 위해서(이유, 목적): 보통 문장의 맨 앞이나 맨 뒤에 나와서 수식합니다.

- To earn money, you have to work hard.
  돈을 벌기 위해서는 당신은 열심히 일해야 합니다.
  - ◌ 문장의 맨 앞에 나와서 '돈을 벌기 위해서'라는 의미로서 사용되고 있습니다. 물론, To earn money가 없어도 문법적으로 이상은 없습니다.

❷ ~해서 …하다(결과): 문장에서 형용사 다음에 나오는 것이 일반적입니다.

- I am so pleased to see you.
  당신을 보니 상당히 기쁩니다.
  - ◌ 형용사 pleased(기쁜) 뒤에 to see라는 to부정사가 나와서 '~을 봐서 기쁘다'라는 의미로 사용되고 있습니다.

❸ ~하기엔 …하다(의견, 조건): 〈too + 형용사 + to부정사〉의 형태로 자주 사용합니다.

- It is too late to go to the cinema.
  영화관 가기엔 이미 늦었습니다.
  - ◌ 앞에 나온 부사 too(너무) 다음에 형용사 late(늦은)를 사용하고, 그 뒤에 '~하는 것이 늦었는지'에 대해서 to go to the cinema라는 to부정사를 사용해서 부연설명하고 있습니다.

Unit 07 관계사

01 관계대명사의 정의

관계대명사는 원칙적으로는 앞에 나온 명사를 대신하여 쓰이기 때문에 '대명사'라는 이름이 붙었으며, 앞에 어떤 명사가 나오는지에 따라서 뒤에 사용해야 할 관계대명사가 정해지므로 앞의 명사와 관련되어 있다 하여, '관계대명사'라고 부릅니다.

- I met a woman who was in the park.
  저는 공원에 있었던 한 여성을 만났습니다.
  ○ 문장에서 사람명사 a woman이 나오고 그 뒤에 동사 was가 나왔으므로, 사람에게 사용되고 was 앞에서 주어 역할을 하는 주격 관계대명사 who를 사용하였습니다.

관계대명사는 보통 3가지의 특징을 지니고 있으며, 이것만 정확히 알면 Speaking이나 Writing에서 말을 만드는 데 있어 상당히 도움이 될 것입니다.

> 첫 번째, 하나의 문장에 동사가 2개 등장합니다.
> 두 번째, 앞에 명사가 나옵니다. (예외가 있습니다.)
> 세 번째, 뒤에 불완전한 문장이 나옵니다. (의미상 혹은 문법상)

02 관계대명사의 종류 및 역할

관계대명사는 앞에 명사가 나와야 하고 그 명사가 사람이냐, 사물이냐에 따라 크게 두 가지로 나뉘게 됩니다. 그리고 쓰임에 따라 주격, 목적격, 소유격의 세 가지로 분류됩니다.

	주격	목적격	소유격
사람명사	who	whom	whose
사물명사	which	which	whose
사람, 사물	that	that	-
~~사람, 사물~~	what	what	-

사람명사	+	who(주격)	+	동사				
		whom(목적격)	+	주어	+	동사	+	~~목적어~~
		whose(소유격)		명사	+	동사	+	목적어(가능)
사물명사	+	which(주격)		동사				
		which(목적격)	+	주어	+	동사	+	~~목적어~~
		whose(소유격)		명사	+	동사	+	목적어(가능)

- The car which I bought is expensive.
  제가 구매한 차는 비쌉니다.
  ◎ 전체적으로 완벽한 문장은 하나이며, 앞에 사물명사 The car가 나왔고, 뒤에 I bought라는 문장이 오긴 했지만, 동사 bought의 목적어가 없습니다. 이때, 목적격 관계대명사를 사용합니다.

- I interviewed a singer whose song is very famous.
  저는 유명한 노래를 부른 한 명의 가수를 인터뷰했습니다.
  ◎ 문장에서 사람명사 a singer가 나오고 그 뒤에 명사 song이 나왔습니다. 명사와 같이 함께 사용하는 것은 소유격이므로, 소유격 관계대명사 whose를 사용하였습니다. 참고로, whose는 앞에 사람명사가 와도, 사물명사가 와도 사용 가능합니다.

1. 관계대명사 that

관계대명사에서 that은 앞의 명사가 사람인 경우와 사물인 경우 모두 사용 가능하며, 주격이나 목적격인 경우 모두 사용할 수 있지만, 소유격으로는 사용할 수 없습니다. 소유격을 사용하려면 whose만 사용해야 합니다.

- I need a pen that is made of rubber.
  저는 고무로 만들어진 펜이 필요합니다.
  ◎ 문장에서 사물명사 a pen이 나오고 그 뒤에 동사 is가 나왔으므로, 이 자리에는 사물에 관한 주격 관계대명사인 which를 사용할 수 있지만, 대신해서 that을 사용하고 있습니다.

※ 관계대명사 that은 앞에 콤마(,)가 나오거나 전치사가 있으면 절대 사용할 수 없습니다.

> 사람명사/사물명사, ~~that~~ (관계대명사의 계속적 용법에서는 that을 사용할 수 없습니다.)
>
> 사람명사/사물명사 + 전치사 + ~~that~~ (〈전치사 + that〉은 사용할 수 없습니다.)

단, 관계대명사 that을 제외한 다른 모든 관계대명사는 전치사와 사용 가능합니다.

2. 관계대명사 what

what은 앞에 명사 없이 사용할 수 있는 관계대명사입니다.

- I bought the car which I wanted.
  제가 원했던 차를 샀습니다.

  ◯ 문장에서 앞에 사물명사 the car가 나오고 그 뒤에 I wanted라는 〈주어 + 동사〉가 와서 뒤에 목적어에 해당하는 명사가 없습니다. 그래서 사물명사에 대한 목적격 관계대명사인 which를 사용하였습니다. 이때, 앞에 나온 사물명사 the car와 뒤에 나온 관계대명사 which를 합해서 관계대명사 what을 사용할 수 있습니다.

~~the car~~ + what

- I bought what I wanted.
  제가 원했던 것을 샀습니다.

3. 관계대명사와 전치사의 결합

학생들이 가장 어려워하는 부분 중의 하나입니다. 과연 전치사 다음에 관계대명사가 나올 수 있는지부터 생각해봐야 하겠습니다.

기본적으로, 전치사 다음에는 '명사'라는 이름이 들어가는 형태가 전부 나올 수 있다고 생각하면 됩니다. 명사, 대명사, 동명사, 명사구, 명사절, 관계대명사 등등이 나올 수 있는 것입니다.

그래서 전치사 다음에도 관계대명사가 나올 수 있으며, 앞에 전치사와 관계대명사가 결합을 하면 뒤에는 완전한 문장이 나옵니다.

- I stayed at a hotel in which a conference was being held.
  저는 회의가 열리고 있던 호텔에 머물렀습니다.

◯ 명사 a hotel 뒤에 in which라는 〈전치사+관계대명사〉 형태가 나왔습니다. 이때, 관계대명사 앞에 전치사 in을 사용한 이유는 그 앞에 나온 명사가 장소를 나타내는 hotel이기 때문입니다다. '장소의 안쪽'의 의미를 지니고 있는 in을 사용한 것입니다. 그리고 뒤에 따라오는 문장이 완전한 문장이 사용되었습니다. 〈명사 + 전치사 + 관계대명사 + 완전한 문장〉 형태입니다.
☑ 참고로 〈전치사 + 관계대명사〉의 뒤에 수동태의 문장이 오면 완전한 문장의 한 종류라고 보시면 됩니다.

4. 관계부사

관계부사는 앞에 시간이나 장소 따위의 명사가 나올 때 뒤에서 when이나 where로 수식을 해주는 역할을 합니다. 이때, when이나 where 다음에는 완전한 문장이 오는 것이 바로 관계대명사절과의 차이점이라 볼 수 있습니다.

시간명사	+	when	+	주어 + 동사
장소명사		where		
~~(방법명사)~~	+	how	+	주어 + 동사

☑ how는 앞에 명사 the way를 따로 사용하지 않습니다.

- I want to go to <u>a college</u> where I can learn more about English.
  저는 영어를 좀 더 배울 수 있는 대학에 가기를 원합니다.
  ◯ 장소명사 a college가 나오고, 그 뒤에 관계부사 where가 나오면서 '어떤 대학'인지에 대하여 부연 설명하고 있습니다.

- He remembers <u>the time</u> when he was in Paris.
  그는 파리에서 있었을 때를 기억하고 있습니다.
  ◯ 시간명사 the time이 오고, 어떤 시간인지를 설명해주는 관계부사 when을 사용하고 있습니다.

- I know how I solve the problem.
  저는 어떻게 그 문제를 풀어야 할지 알고 있습니다.
  ◯ how 앞에 the way를 사용해야 할 것 같지만, 둘 중 하나만 사용해야 하기 때문에 the way를 사용하지 않고, 곧바로 how를 사용하였습니다.
  ☑ 방법을 나타내는 관계부사 how는 앞의 the way 혹은 뒤의 how 둘 중 하나만 사용합니다.

5. 복합관계대명사

복합관계대명사는 이미 앞에 나온 명사를 포함하고 있어서 그 이름에 '복합'이란 말을 사용하며, 그래서 앞에 명사가 나오지 않습니다. 그리고 관계대명사의 특징 중 하나인 '뒤에 불완전한 문장이 온다'는 것이 똑같으므로 이름을 '복합관계대명사'라고 합니다.

모든 복합관계대명사는 〈no matter + 관계사〉 형태로 바꿔 쓸 수 있습니다.

복합관계대명사				
whoever(= no matter who)	+	동사		
whomever(= no matter whom)	+	주어	+	동사
whosever(= no matter whose)	+	명사		
whichever(= no matter which)	+	명사/주어		
	+	동사		
whatever(= no matter what)	+	명사/주어		
	+	동사		

- **You can give a book to whoever needs it.**
  당신은 책이 필요한 누구에게든 줄 수 있습니다.
  ▶ 복합관계대명사 whoever 다음에 동사 needs가 나와서 whoever는 주격으로 사용하였으며, 그 앞에는 명사가 나오지 않았습니다. 여기서 whoever를 anyone who 혹은 no matter who라고 바꿔서 사용해도 됩니다.

- **Whatever the weather is like, the show is held at the centre.**
  날씨가 어떻든 간에 그 쇼는 센터에서 열릴 예정입니다.
  ▶ 복합관계대명사 whatever 다음에 주어인 명사 the weather가 나왔습니다.

6. 복합관계부사

복합관계부사는 부가적인 의미를 지니며, 두 문장으로 연결되어 쓰입니다. 복합관계부사는 모두 〈no matter + 관계부사〉로 바꿔 쓸 수 있습니다.

whenever(= no matter when)	+	주어	+	동사		
wherever(= no matter where)						
however(= no matter how)	+	형용사/부사	+	주어	+	동사

이때, however 뒤에 형용사가 나오는 경우는 뒤의 동사가 be동사나 become일 때, 부사가 나오는 경우는 뒤의 동사가 be동사나 become 외의 나머지 동사들일 때입니다.

IELTS 문장 맛보기 + 다시 써보기

- The gas masks, <u>which</u> are made of rubber, protect people from toxic chemicals.
  고무로 만들어진 가스마스크가 사람들을 독성이 있는 화학물질들로부터 보호해줍니다.

  ⇨ _____

- I decided to resign from the company, <u>where</u> I had been working for over 10 years.
  저는 제가 10년 동안 일해왔던 회사를 퇴직하기로 결정했습니다.

  ⇨ _____

- Anyone <u>who</u> needs help with their assignment should be directed to Mr. Hansen.
  이 과제와 관련하여 도움이 필요한 누구든지 Hansen 씨에게 연락하세요.

  ⇨ _____

- Art is an essential subject which all children should learn.
  예술은 모든 아이들이 배워야 하는 필수과목입니다.

  ⇨ _____

- The second table shows the countries whose residents visited London between 1990 and 2010.
  두 번째 표는 1990년도와 2010년 사이에 런던을 방문했던 사람들의 나라들을 보여주고 있습니다.

  ⇨ _____
  _____

- I will describe the graph that shows the number of deaths for the year of 2016.
  제가 2016년도의 사망자의 수를 보여주는 그래프를 묘사하겠습니다.

  ⇨ _____
  _____

- Children that are exposed to domestic violence need to be taken into protective custody.
  가정폭력에 노출되어 있는 아이들은 보호를 받을 필요가 있습니다.

  ⇨ _____
  _____

- There are many situations in which a medical problem has no relation to whether a person smokes.
  건강 문제가 사람이 담배를 피우는 것과 관련이 없다는 것에 대한 많은 상황들이 있습니다.

  ⇨ _____
  _____

- We enjoy watching the television show <u>in which</u> athletes compete in various events.
  우리는 여러 상황에서 육상선수들이 경쟁하는 TV쇼를 보는 것을 즐깁니다.

  ⇨ _____
  _____

- It is Monday <u>when</u> I feel the most exhausted.
  제가 힘들다고 느끼는 날은 월요일입니다.

  ⇨ _____

- There are some countries <u>where</u> people drive on the left.
  도로의 왼쪽으로 운행하는 몇몇 나라들이 있습니다.

  ⇨ _____

- <u>No matter what</u> standard of income someone has, everyone should have equal opportunities in education.
  어떤 기준의 수입원을 갖고 있든지 간에 모든 사람들은 교육에 있어서 동등한 기회를 얻어야 합니다.

  ⇨ _____
  _____

- <u>No matter how</u> talented a person is, he or she may sometimes fail.
  그 사람이 얼마나 능력이 있든지 간에 그는 혹은 그녀는 때때로 실패를 합니다.

  ⇨ _____

- I drop my clothes <u>wherever</u> I take them off around the house.
  저는 집 주위에 제가 벗은 옷들을 어디든지 놓아둡니다.

  ⇨ _____

Exercise 밑줄에 알맞은 어휘를 골라서 문장을 완성하세요.

01 The _____ will _____.
새로운 세금 정책이 우리 시민들을 행복하게 해줄 것입니다. (keep / policies / citizens)

02 Milton Hall is _____ that _____.
Milton Hall은 정기적으로 컨벤션을 주최하는 또 다른 하나의 장소입니다. (venue / hosts)

03 There has been a great deal of interest _____.
인공지능에 대한 큰 관심이 있어왔습니다. (artificial)

04 The members of the test group _____ the other children did.
그 테스트 그룹의 일원들은 다른 아이들이 했던 것보다 더 잘 수행했습니다. (performed)

05 _____ about the topic is _____.
그 화제에 대한 많은 정보를 온라인에서 찾을 수 있습니다. (available / plenty of)

06 The _____ was cancelled _____.
보수작업 계획이 상당한 돈 때문에 취소되었습니다. (due to / considerable / renovation)

07 They are _____ that the _____ will _____.
그들은 안전조치들이 사고의 수를 제한할 것이라고 확신합니다. (the number of / safety measures)

08 The company _____ impressive _____ in _____ in 2016.
그 회사는 2016년에 놀랍게 증가한 수익을 발표했습니다. (announced / revenue / gains)

Exercise 밑줄에 알맞은 어휘를 골라서 문장을 완성하세요.

09 Some companies _____ well _____ the economic _____.

몇몇 회사들은 경기침체에도 불구하고 잘해오고 있습니다. (continue to / despite / downturn)

10 Several _____ spoke _____.

몇몇의 성공적인 사업가들이 최근 회의에서 연설하였습니다. (successful / recent)

11 The _____ has decreased _____ _____.

도시의 인구가 지난 10년간 급격하게 감소해왔습니다. (population / dramatically / decade)

12 However, there are also _____.

하지만, 대중교통수단의 많은 장점들이 있습니다. (public transportation / benefits)

13 The new model is _____.

새로운 모델이 예상했던 것보다 심지어 더 비쌉니다. (than expected / even)

14 Tablet computers are _____.

태블릿 컴퓨터가 심지어 노트북보다 더욱 휴대성이 좋습니다. (portable / even)

15 It is _____.

시장에 나와 있는 비슷한 제품들보다 더욱 쌉니다. (cheaper / on the market)

16 The more _____, the more _____.

당신이 더 많은 판매를 하면 할수록, 당신은 더 많은 수익을 얻을 수 있습니다. (sales / profits)

Exercise 밑줄에 알맞은 어휘를 골라서 문장을 완성하세요.

17 Of all _____, Buckingham Palace is _____
_____.

런던에 있는 모든 관광명소들 중에서 Buckingham Palace가 가장 인기 있습니다. (attractions)

18 There is a woman _____.

그 공연을 사진 찍은 한 여성이 있습니다. (performance)

19 The _____.

고객들로부터 받은 피드백이 조짐이 좋습니다. (feedback / promising)

20 It is _____ to _____.

승진에서 누락되는 것은 기분이 좋지 않습니다. (frustrating / overlooked)

21 _____ in Chicago, the singer was _____.

Chicago에 도착하자마자 그 가수는 팬들에 의해 둘러싸였습니다. (surrounded)

22 _____ the River Benz, Mainz Cathedral offers _____.

River Benz에 위치해 있는 Mainz Cathedral는 화려한 경관을 보여줍니다. (spectacular)

23 The NFO is an organization _____.

NFO는 자선 모금을 통해서 돈을 모으는 단체입니다. (generates)

24 The architect _____.

그 스타디움을 디자인한 건축가가 매우 유명해졌습니다. (who)

Exercise 밑줄에 알맞은 어휘를 골라서 문장을 완성하세요.

25 The person _____.

가장 많은 득표를 받은 사람이 시장으로 선출되었습니다. (that)

26 We must _____.

우리는 우리의 고객이 무엇을 원하는지 결정해야 합니다. (determine)

27 This is the building _____.

이것은 의회 회원들이 만나는 빌딩입니다. (in which)

28 Most couples _____.

대부분의 커플이 결혼한 날을 기억합니다. (got married / when)

29 The tour group _____ _____ apples are _____.

그 여행 그룹은 사과가 자라는 농장을 방문했습니다. (where / orchard)

30 _____ the weather is like, the festival _____.

날씨가 어떻든 간에 그 행사는 계획대로 진행될 것입니다. (no matter / goes ahead)

Part 5

접속사

Unit 01 접속사의 정의
Unit 02 접속사의 종류

Unit 01 접속사의 정의

접속사는 말 그대로 접속(연결)해주는 품사입니다. 즉, 완벽한 두 개의 문장이 있을 때 둘을 연결해 줍니다. 물론, 조금 특별한 접속사들은 문장이 아닌 구와 구, 혹은 단어와 단어를 연결하는 경우도 있습니다.

- Because I needed money, I worked hard.
  돈이 필요했기 때문에, 저는 열심히 일했습니다.
  - I needed money와 I worked hard라는 두 개의 완전한 문장을 연결해주는 접속사 Because를 사용하고 있습니다.

- We need a laptop and a desktop computer.
  우리는 노트북과 PC를 필요로 합니다.
  - 두 개의 명사 a laptop과 a desktop computer를 이어주는 접속사 and를 사용하고 있습니다.

※ 접속사의 위치

❶ 접속사 + 주어 + 동사 ~ , 주어 + 동사 ~. (문장의 맨 앞에 위치)

❷ 주어 + 동사 ~. 접속사 + 주어 + 동사 ~. (문장과 문장의 사이에 위치)

Unit 02 접속사의 종류

접속사의 종류는 상당히 많으며, 그 종류에 따라 서로 용법이 다릅니다. 그럼, 이제부터 접속사의 종류에 대해서 알아보겠습니다.

1. 부사절 접속사

부사절 접속사라는 이름이 왜 붙게 되었는지 알아보겠습니다. 원래 부사는 문장에서 없어도 상관없는 품사입니다. 그리고 '절'은 문장을 의미합니다. 즉, 접속사가 들어간 문장을 빼도 상관없다는 것입니다.

- When my mother called me, I was having a shower.
  저희 어머니께서 전화하셨을 때 저는 샤워를 하고 있었습니다

  ○ 이 문장에서 When은 접속사로 사용되었으며, 그 뒤에 my mother called me라는 문장이 따라 나왔습니다. 여기서 〈When + my mother called me〉를 합해서 빼버려도 뒤에 따라오는 문장이 완전하여 상관없으므로 When을 바로 '부사절 접속사'라고 부릅니다.

부사절 접속사의 종류를 알아봅시다.

① because: ~ 때문에(= since, as, in that, now that)

- Because some cars had engine problems, ABS Motors recalled its 2000 cars.
  몇몇의 차들이 엔진 문제를 갖고 있었기 때문에, ABS Motors는 2000대의 차량을 리콜했습니다.

  ○ 접속사 Because가 완벽한 두 개의 문장을 이어주고 있습니다.

※ 접속사 because와 같은 의미의 전치사: due to, owing to, because of + 명사 (~ 때문에)

- Due to pollution, some people died.
  오염 때문에 몇몇의 사람들이 죽었습니다.

  ○ 전치사 Due to 다음에 명사 pollution이 오고, 그 뒤에 완벽한 문장이 따라오는 구조로 문장이 만들어졌습니다.

IELTS 문장 맛보기 + 다시 써보기

- Cheavy Motors has recalled its 2,000 trucks <u>because</u> some were found to have defective parts.
  Cheavy Motors는 몇몇 차들에서 결함 있는 부품이 발견되었기 때문에 트럭 2,000대를 리콜하였습니다.

⇨ _____

_____

② although: 비록 ~하지만(= though, even though, even if)

- Although the flower looks beautiful, it smells terrible.
  비록 그 꽃은 아름답지만, 냄새가 너무 심합니다.
  ◯ 접속사 Although가 두 개의 완전한 문장을 이어주고 있습니다.

※ 접속사 although와 같은 의미의 전치사: despite, in spite of + 명사(구)

- Despite bad weather, we went on a picnic.
  나쁜 날씨에도 불구하고, 우리는 소풍을 갔습니다.
  ◯ 전치사 Despite 다음에 명사 bad weather가 오고, 그 뒤에 완벽한 문장이 따라오는 구조로 문장이 만들어졌습니다.

③ when: ~할 때 / while(= whereas): ~하는 동안에, 반면에
when과 while이 시간을 나타내는 의미로 사용하게 되면, 일반적으로 완전한 문장뿐만 아니라 생략된 형태를 취할 수도 있습니다.

- When I returned home, my family welcomed me.
  내가 집에 돌아왔을 때, 나의 가족들이 반겨주었습니다.
  ◯ 접속사 When이 두 개의 완전한 문장을 이어주고 있습니다.

- Whereas my brother likes an apple, I like a banana.
  제 동생이 사과를 좋아하는 반면에 저는 바나나를 좋아합니다.
  ◯ 접속사 Whereas가 서로 상반될 수 있는 내용의 두 문장을 이어주고 있습니다.

※ When/While 다음에 나올 수 있는 형태

When/While
+ 주어 + 동사 ~ (완전한 문장)
+ 동사-ing + 명사(목적어)
+ p.p + 명사(목적어)
+ 전치사 + 명사

- When entering the building, you should present your ID.
  그 건물에 들어갈 때, 당신은 신분증을 제시해야 합니다.

④ before: ~하기 전에 / after: ~한 후에
→ 접속사 및 전치사 모두 가능합니다.

- After school, I always play soccer.
  방과 후에 나는 항상 축구를 합니다.
  ◎ 전치사 After 뒤에 명사인 school이 나오고, 그 뒤에 비로소 완전한 문장이 따라왔습니다.

- Before you take the subway, you should buy a ticket.
  당신은 지하철을 타기 전에 티켓을 구매하셔야 합니다.
  ◎ 접속사 Before가 완벽한 두 개의 문장을 이어주고 있습니다.

⑤ as soon as: ~하자마자 곧
as soon as는 접속사로도 부사로도 사용 가능합니다.

- As soon as you come back home, please give me a call.
  집에 도착하자마자 제게 전화 주세요.
  ◎ 접속사 As soon as가 완벽한 두 개의 문장을 이어주고 있습니다.

- I need to get to Manchester as soon as possible.
  저는 가능한 한 빠르게 Manchester에 도착해야 합니다.
  ◎ 이 문장에서 as soon as possible은 부사로 문장에서 꼭 필요하지 않는 수식어구입니다.
    ☑ as soon as possible = as soon as + 주어 + can/could: 주어가 할 수 있는 한 빠르게

- Please send me an email as soon as you can.
  당신이 할 수 있는 한 빠르게 제게 이메일을 보내주세요.

⑥ as long as(= as far as): ~하는 한

- As long as you pay me back by next month, I will lend you money.
  당신이 내게 다음 달까지 돈을 갚는다면 제가 빌려드리겠습니다.
  ○ 접속사 As long as가 완벽한 두 개의 문장을 이어주고 있습니다.

⑦ If: 만약 ~라면 ↔ Unless: 만약 ~이 아니라면

- If you need to buy a car, you can search on our website.
  당신이 만약 차 한 대를 사야 한다면, 저희 웹사이트를 검색하시면 됩니다.
  ○ 접속사 If가 나와서 완벽한 두 개의 문장을 이어주고 있습니다.

- Unless the weather is bad, my flight will not be delayed.
  만약 날씨만 나쁘지 않다면, 비행기는 연착되지 않을 것입니다.
  ○ 접속사 Unless가 나와서 완벽한 두 개의 문장을 이어주고 있습니다.

⑧ Once: 일단 ~하면
Once는 접속사뿐만 아니라 부사로도 사용이 가능합니다.

- Once you complete the course, you will be able to apply for the job.
  일단 그 과정을 이수하면, 당신은 그 직업에 지원할 수 있을 것입니다.
  ○ 접속사 Once가 나와서 완벽한 두 개의 문장을 이어주고 있습니다.

※ once의 부사로서의 사용

부사 once는 두 가지의 의미로 사용됩니다.

❶ 한 번

- I play tennis once a week.
  저는 일주일에 한 번 테니스를 칩니다.

❷ 과거의 한때

- Mr. Kim, once a famous singer, is now an English teacher.
  한때 유명한 가수였던 Kim 씨는 지금 영어 선생님입니다.

⑨ until: ~까지

접속사 until은 시간이 언제까지 지속되는지에 대해 말할 때 사용할 수 있습니다. 또한, 전치사로도 사용할 수 있습니다.

- I will not eat dinner until you come back.
  저는 당신이 돌아올 때까지 밥을 먹지 않을 것입니다.
  ○ 접속사 until이 두 개의 완전한 문장을 이어주고 있습니다.

※ 전치사로서의 until

일반적으로 until이 전치사로 사용되면 '~까지 지속된다'는 의미를 가집니다.

- Our meeting will last until 2 P.M.
  우리의 회의는 2시까지 지속될 것입니다.

⑩ so that: ~할 수 있게 하기 위해

접속사 so that은 이유나 목적을 나타낼 때 사용할 수 있습니다.

- You should work out every day so that you can stay healthy.
  당신은 건강을 유지하기 위해 매일 운동해야 합니다.
  ○ 접속사 so that이 두 개의 완전한 문장을 이어주고 있습니다.

※ so that과 바꿔 사용할 수 있는 표현

= in order that + 주어 + 동사원형
= in order to + 동사원형
= so as to + 동사원형

- In order to get a good score on your math test, you have to study hard.
  수학시험에서 좋은 점수를 받기 위해서는 열심히 공부하셔야 합니다.
  ○ 〈In order to + 동사원형〉을 사용하여 이유나 목적을 나타내고 있습니다.

⑪ in case: 만일 ~한 경우에 대비하여

접속사 in case는 보통 어떤 일이 일어날 것을 대비하여 가정하는 문장에 사용할 수 있습니다.

- Please take an umbrella with you in case it rains.
  비가 올 것을 대비하여, 우산을 꼭 챙겨가세요.
  ○ 접속사 in case가 완벽한 두 개의 문장을 이어주고 있습니다.

※ in case of의 사용

- Please exit the building as soon as possible in case of fire.
  화재가 난 경우에는 가능한 한 빨리 건물에서 나가세요.
  ◯ in case와 in case of는 의미는 같지만, in case 뒤에는 절이 오고 in case of 뒤에는 명사가 옵니다.

⑫ as if(= as though): 마치 ~인 것처럼
as if와 as though는 '어떤 상황이나 혹은 가정'에 기반을 둔 접속사입니다.

- He talks to me as if he were a manager.
  그는 마치 그가 매니저인 것처럼 제게 말합니다.
  ◯ 접속사 as if를 사용하여 가정의 의미로 말하고 있습니다. 사실은 그가 매니저가 아닌데 매니저처럼 이야기한다는 뜻입니다.

⑬ whether: ~인지 아닌지, ~이든 아니든
whether는 불확실한 것이나 궁금한 것이 있을 때 사용하는 대표적인 접속사입니다.

- Whether it is raining or not, I will go out.
  비가 오든 안 오든, 저는 밖에 나갈 것입니다.
  ◯ 접속사 whether가 두 개의 문장을 이어주는 역할을 하고 있습니다.

※ whether는 명사절 접속사로도 많이 쓰입니다.

- I will let you know whether he is coming or not.
  그가 올 것인지 아닌지 알려드리겠습니다.
  ◯ 동사 know의 목적어로 whether he is coming or not이라는 문장이 사용되었는데 이것을 명사절이라고 부릅니다. 밑에서 명사절에 관한 부분을 더 자세히 다루도록 하겠습니다.

※ whether 다음에 to부정사를 사용할 수 있습니다.

IELTS 문장 맛보기 + 다시 써보기

- <u>After</u> we eat sweets, we should always brush our teeth.
  우리는 사탕을 먹고 난 후에 이를 닦아야 합니다.

  ⇨ _____

- Many companies are forced to cut expenses by downsizing <u>when</u> they are faced with increased costs.
  많은 회사들이 비용 상승에 직면할 때, 몸집을 줄이는 방법으로 비용을 삭감하도록 강요됩니다.

  ⇨ _____
  _____

- <u>Although</u> it is a cost-effective approach, it requires great ecological knowledge.
  그것은 효율이 높은 접근법이지만, 대단한 환경학적인 지식을 필요로 합니다.

  ⇨ _____
  _____

- <u>When</u> newspapers are provided in classrooms, they are normally used for vocabulary.
  신문들이 교실에 보급될 때, 그것들은 일반적으로 어휘력을 위해 사용됩니다.

  ⇨ _____
  _____

- <u>When</u> receiving a letter, I always feel happy.
  편지를 받을 때, 저는 항상 행복합니다.

  ⇨ _____

- <u>While</u> credit cards are our preferred method of payment, there are other options available.

  신용카드가 우리가 선호하는 지급 방법인 반면에 다른 지불 방법들이 있습니다.

  ⇨ _____

- Every factory worker should undergo a physical examination <u>before</u> they return to work.

  모든 공장 직원들은 직장으로 돌아오기 전에, 신체검사를 받아야 합니다.

  ⇨ _____

- <u>Before</u> choosing a language class at university, it is important to research the classes.

  대학에서 언어수업을 선택하기 전에 그 수업들에 대해서 조사하는 것이 중요합니다.

  ⇨ _____

- <u>Since</u> 1977, Mama's Home Baking has consistently produced high-quality baked goods.

  1977년 이후로 Mama's Home Baking은 꾸준하게 최상품질의 빵을 공급해왔습니다.

  ⇨ _____

- It is natural that people want to receive the order they placed <u>as soon as</u> possible.

  사람들이 그들이 주문한 물건을 가능한 한 빠르게 받기를 원하는 것은 아주 당연합니다.

  ⇨ _____

- <u>As soon as</u> I arrived at the hotel, I realised that I'd lost my passport.
  호텔에 도착하자마자 저는 제 여권을 잃어버렸다는 것을 깨달았습니다.

  ⇨ _____

- We heard that the concert will be postponed until <u>next</u> Monday.
  우리는 다음 주 월요일까지 콘서트가 연기될 것이라고 들었습니다.

  ⇨ _____

- Your relationship with your parents will really improve <u>if</u> you have more conversation with them.
  만약 당신이 부모님과 더 많은 대화를 갖는다면 부모님과의 관계가 향상될 것입니다.

  ⇨ _____
  _____

- <u>Unless</u> the fight between the two children is getting particularly severe, let them solve their own problems.
  두 명의 아이들 사이에서의 싸움이 점점 심각해지지 않는다면 그 둘의 문제를 알아서 풀 수 있도록 놔두세요.

  ⇨ _____
  _____

- <u>Once</u> the decision has been made, you can put your plan into action.
  일단 결정하면, 당신은 그것을 행동에 옮기시면 됩니다.

  ⇨ _____

- People are allowed to talk on the phone on the subway <u>as long as</u> they talk quietly.
  사람들이 지하철에서 작은 목소리로 얘기한다면 전화통화는 허락될 수 있습니다.

  ⇨ _____
  _____

- I will buy some beers just <u>in case</u> some of my friends visit my house.
  저는 몇몇의 친구들이 제 집을 방문할 것을 대비하여, 몇 개의 맥주를 살 것입니다.

  ⇨ _____

2. 등위접속사

① 등위접속사의 정의

등위접속사는 말 그대로 양쪽에 있는 같은 형태를 이어줄 때 사용하는 접속사입니다. 단어와 단어를 이어줄 수 있으며, 구와 구를 이어주는 경우도 있습니다. 물론, 접속사로서 문장과 문장을 이어주는 능력도 있습니다.

- I like apples and bananas.
  저는 사과와 바나나를 좋아합니다.

② 등위접속사의 종류

⇨ and, but(= yet), than, or, so 등

③ 등위접속사의 특징

a. 문장의 중간에 나와서 이어주는 역할을 합니다.

- I went to school and I studied hard.
  저는 학교에 갔으며, 열심히 공부했습니다.

b. 문장의 맨 앞에 나오면, 부사로 성질이 변합니다. 다시 말하면, 두 개의 문장을 이어주는 역할은 못 합니다.

- But JH is working right now.
  하지만, JH는 지금 현재 일하고 있습니다.

c. 단어와 단어를 연결할 수 있습니다.

- I need a knife or scissors.
  저는 칼이나 가위가 필요합니다.

d. 구와 구를 연결할 수 있습니다.

- I prefer working from home rather than at a company.
  저는 회사에서 일하는 것보다는 집에서 일하는 것을 선호합니다.

e. 반복되는 어구를 생략해서 사용할 수 있습니다.

- We need to take a break and we need to take a holiday.
  우리는 쉬는 시간을 가질 필요가 있으며, 휴가를 가질 필요가 있습니다.

⇒ We need to take a break and (we need to take) a holiday.

IELTS 문장 맛보기 + 다시 써보기

- We can now view online journals and works of art.
  우리는 지금 온라인 잡지와 예술작품들을 볼 수 있습니다.

⇨ _____

- All staff should welcome the interns and they should help them to get acquainted with the procedures.
  모든 직원들은 인턴들을 반겨줘야 하며 인턴들이 업무수행과정에 익숙해질 수 있도록 도와줘야 합니다.

⇨ _____
  _____

- But I found it difficult at first to make a speech.
  하지만, 저는 연설하는 것이 처음에 어렵다는 것을 느꼈습니다.

⇨ _____

- Most teachers are available to help students, so they can ask for some tips.
  대부분의 선생님들은 학생들을 도와줄 수 있는 상황에 있으며, 그래서 학생들은 조언들을 구할 수 있습니다.

⇨ _____

- The printer that I have is working better than it did before.
  제가 갖고 있는 프린터가 이전의 것보다 더 잘 작동됩니다.

⇨ _____

- Several ancient Egyptian artifacts were recently found, <u>and</u> will be put on display in the National History Museum.
  몇몇의 고대 이집트 공예품들이 최근에 발견되었으며, 역사박물관에 전시될 예정입니다.

  ⇨ _____

  _____

3. 상관접속사

상관접속사는 서로 관련 있는 두 가지의 형태를 이어주는 역할을 하는 접속사를 말합니다.

① both A and B: A와 B 둘 다

- We can now buy things both online and on a physical location.
  우리는 이제 온라인과 오프라인 둘 다로 물건을 살 수 있습니다.
  ◐ both A and B의 형태로 '둘 모두'라는 의미로 사용되고 있습니다.

② either A or B: A와 B 둘 중 하나

- You can buy either a watch or a camera.
  당신은 시계나 카메라를 살 수 있습니다.
  ◐ either A or B의 형태로 '둘 중 하나'라는 의미로 사용할 수 있습니다.

※ not + either: ~도 또한 아니다

- I am not a student either.
  저도 학생이 아닙니다.
  ◐ not과 either가 합해져서 '~도 또한 아니다'라는 의미로 사용될 수 있습니다.

③ neither A nor B: A와 B 둘 모두 아니다

- This watch is neither expensive nor colourful.
  이 시계는 비싸지도 화려하지도 않습니다.
  ◐ 상관접속사 neither A nor B를 '둘 모두 아니다'라는 의미로 사용할 수 있습니다.

④ not only A but also B(= B as well as A): A뿐만 아니라 B도 또한

- He is not only a student but also a teacher.
  그는 학생일 뿐만 아니라 선생님이기도 합니다.

  ○ 상관접속사 not only A but also B가 'A뿐만 아니라 B도 역시'라는 의미로 사용되었습니다.

IELTS 문장 맛보기 + 다시 써보기

- Both the automobile industry and the electronics market have lost buyers since the financial crisis started.
  자동차 산업과 전자시장이 재정위기가 시작된 이후로 많은 구매자들을 잃었습니다.

⇨ _____

- Ecosystems are about both wildlife and people.
  생태계는 야생동물과 사람들에 대한 것입니다.

⇨ _____

- You need to put your carry-on luggage either under the seat in front of you or in the overhead compartment.
  당신은 기내용 짐을 당신 앞의 좌석의 밑에 놓아두거나 위쪽에 있는 선반에 넣어두셔야 합니다.

⇨ _____

- Neither the chairman of the board nor the company president tries to make up for the loss.
  이사회의 의장이나 회사의 사장 모두 손실을 만회하기 위한 노력을 하지 않고 있습니다.

⇨ _____

- The housing title transfer is not official until it is signed by <u>both</u> the seller <u>and</u> buyer.
  집의 소유권 이전은 판매자와 구매자 둘 모두에 의해 사인이 될 때까지는 공식적이지 못합니다.

  ⇨ _____

- <u>Not only</u> did the shipping company cancel my order, <u>but</u> they didn't refund me for the items.
  선적회사가 제 주문을 취소했을 뿐만 아니라 제게 물건에 대한 환불도 해주지 않았습니다.

  ⇨ _____

- <u>As well as</u> working in the emergency room at Community General Hospital, I regularly donates my time to the Red Cross.
  지역병원에서 응급실에서 일할 뿐만 아니라 저는 적십자에 제 시간을 헌신합니다.

  ⇨ _____

Exercise 밑줄에 알맞은 어휘를 넣어서 문장을 완성하세요.

01 New Zealand is also _____ because it has _____ as _____ as _____.

뉴질랜드도 휴대폰의 두 배만큼 많은 집 전화를 갖고 있기 때문에 또한 눈에 띕니다. (remarkable / twice / landlines)

02 I _____ for 2 years _____.

저는 컴퓨터 기사로 2년 동안 일해왔습니다. (working / technician)

03 _____, it is extremely _____.

이미 우리가 알듯이 담배를 끊는 것은 매우 어렵습니다. (hard / quit)

04 Even though the global _____, there was _____.

비록 전 세계의 경제악화가 계속되었지만, 우리가 할 수 있는 것은 아무것도 없었습니다. (nothing / continued / recession)

05 Criminals _____ it difficult _____ after they _____.

범죄자들은 그들의 형량을 다 채운 후에 직업을 구하는 것이 어렵습니다. (find / sentence / serve)

06 Since I _____, I _____ at a _____.

제가 런던에 온 이후로 어학원에서 영어를 공부해오고 있습니다. (language school)

07 The community centre _____.

시민문화회관은 헬스클럽과 영화관을 운영하고 있습니다. (houses)

165

Exercise 밑줄에 알맞은 어휘를 넣어서 문장을 완성하세요.

08 Female customers _____ but male customers _____.

여성 고객들은 초콜릿 아이스크림을 선호하는 반면 남성 고객들은 바닐라를 선호합니다. (prefer)

09 The bookstore _____ both _____ and a _____ on the 30th.

그 서점은 작가의 이야기와 창의적인 글쓰기 수업을 30일에 열었습니다. (hosted / author talk / class)

10 _____ may _____ either a _____ or a _____ as _____.

구독자들은 커피머그잔이나 만년필을 무료선물로 선택할 수 있습니다. (fountain pen / subscribers)

11 The road was _____ by _____ vehicles nor _____ while it _____.

그 도로는 도로포장 작업을 하는 동안에는 자동차나 보행자의 통행이 불가했습니다. (accessible / neither / being surfaced)

12 _____ loans _____ books, _____ DVDs and CDs.

그 도서관은 책뿐만 아니라 DVD나 CD도 대여해줍니다. (but also)

13 The desktop computer _____ a webcam _____ a printer.

그 데스크탑 컴퓨터는 프린터와 웹캠이 같이 따라옵니다. (comes / as well as)

14 In general, the _____ is delicious _____ overpriced.

일반적으로, 현지음식이 맛은 있지만 가격이 비쌉니다. (cuisine / yet)

Exercise 밑줄에 알맞은 어휘를 넣어서 문장을 완성하세요.

15 But the apartment _____ several _____.

하지만 그 아파트는 몇몇의 현대적인 부엌가전을 포함하고 있습니다. (includes / appliances)

16 He _____ paints pictures, _____ creates _____.

그는 그림을 그릴 뿐만 아니라 조각도 합니다. (sculptures)

17 Some employers _____ career fairs when they are _____ _____.

어떤 고용주들은 새로운 직원을 고용할 때 직업박람회에 참석합니다. (participate / seeking)

18 After they _____, they _____.

그들이 새로운 오븐을 출시하고 나서 수익이 증가했다는 것을 알았습니다. (see / profits / released)

19 _____ sugar has _____, it _____ in _____ _____ foods.

비록 설탕은 영양소의 혜택이 없지만 많은 음식들에 두루 쓰입니다. (although / nutritional / a vast number of)

20 _____ Majorca is our _____, we also _____.

Majorca가 우리의 가장 인기 있는 도착지였지만 우리는 또한 다른 섬들로 비행기를 타고 갑니다. (fly to / while / destination)

21 _____ Ms. O'Kane _____, she has _____ at several events.

O'Kane 씨가 은퇴한 이후로 그녀는 여러 행사에 연설자로서 등장해왔습니다. (appeared / since)

Exercise 밑줄에 알맞은 어휘를 넣어서 문장을 완성하세요.

22 The _____ has _____ because most are _____.

시의회가 시내의 대부분이 심각하게 홍수에 잠겨서 모든 시내도로를 봉쇄했습니다. (city council / badly flooded)

23 The _____ will _____ this year _____ a _____ can be found.

야외 콘서트가 더 큰 무대를 찾을 수 없다면, 이번 년도에는 취소가 될 것입니다. (outdoor / unless / venue)

24 A business _____ succeeds _____ it doesn't _____ _____.

사업은 만약 새로운 고객에게 도달할 수 있는 광고를 사용하지 않는다면 거의 성공하지 못합니다. (rarely / if / advertising / reach)

25 _____ the product had received _____, I _____ that it was _____.

그 제품이 별 5개를 많이 받았다는 측면에서는 좋은 품질이라고 추측했습니다. (assume / given that / 5-star reviews)

IELTS
해답편

Part 01　문장의 종류

Part 02　주어와 목적어

Part 03　동사의 활용

Part 04　수식어구의 종류

Part 05　접속사

p 29 — PART 1

01. I want to go to Paris.
02. She is a great driver.
03. They have a car.
04. He cannot swim.
05. I have been to Sydney.
06. We didn't buy the house.
07. I enjoyed the party.
08. Is she studying English?
09. He went to school yesterday.
10. They are working together.
11. I like reading a book.
12. When did she get to school?
13. What do you want?
14. She didn't cry.
15. When does she come home?
16. We had lunch with our friends yesterday.
17. There is a book on the desk.
18. If I had much money, I could buy a house.
19. If I had gone to London, I could have met my friends.
20. Without money, we can't buy food.

p 66 — PART 2

01. The graph of sales figures / some important data
02. Several local residents / the town expansion plan
03. Properties in Springfield / value
04. Experts / that imports will increase sharply
05. Tulips / in September or October
06. Children / to enter the building
07. People / lead healthy lifestyles
08. The discussion on the impact of educational development / a student group
09. theory / much support from the scientific community
10. They / keep people safe
11. She / her business / graduating from Oxford
12. None of the banks / branch
13. Each of the countries / to focus on bio fuels
14. Each of the books / the top of the bestsellers list
15. Staying with family / some advantages
16. Getting a job / far from easy in Korea
17. Taking a rest / to refresh myself
18. What should be done to educate people / schooling
19. really hard / to speak in public
20. for people / to be happy / even if / much money.
21. for old people / to have regular health checks
22. The instruction manual / to reset the device
23. available for hotel guests to use
24. Our plan / to make the city's parks more attractive
25. Many parents / in order to send their kids to college

p 106 — PART 3

01. magazine's readership / has increased
02. House prices / have dropped considerably
03. Productivity / dropped
04. Demand / has risen dramatically
05. customers making complaints / has decreased
06. immigrate to Canada
07. emerge / brainstorming sessions
08. evolved / leading auto manufacturer
09. disappear / due to pollution
10. concluded / flawed
11. justifiable / increase cigarette taxes
12. feel concerned / be fired
13. World poverty / a serious problem
14. define / what the mental illness is
15. appear / more delicate than boys
16. seems / under a lot of stress
17. to attract new customers
18. access the main laboratory
19. retain experienced employees
20. enforce strict parking regulations
21. offers staff many opportunities
22. give people an opportunity
23. gives money to charities
24. ask their students to participate
25. let the mass media affect

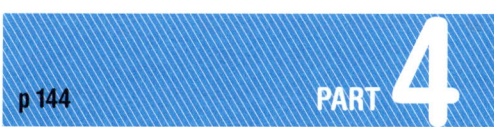

p 144 — PART 4

01. new tax policies / keep our citizens happy
02. another venue / regularly hosts conventions
03. in artificial intelligence
04. performed better than
05. Plenty of information / available online
06. renovation plan / due to the considerable cost
07. confident / safety measures / limit the number of accidents
08. announced / gains / revenue
09. continued to do / despite / downturn
10. successful business owners / at the recent conference
11. city's population / dramatically in the last decade
12. many benefits of public transportation
13. even more expensive than expected
14. even more portable than laptops
15. cheaper than similar products on the market
16. sales you make / profits you'll receive
17. the attractions in London / the most popular
18. taking pictures of the performance
19. feedback from our customers is promising.
20. frustrating / be overlooked for promotion
21. Having arrived / surrounded by her fans
22. Located on / spectacular views
23. that generates money for charities
24. who designed the stadium became very famous
25. that received the most votes was elected as mayor
26. determine what our clients want
27. in which the council members meet
28. remember the day when they got married
29. visited an orchard where / grown
30. No matter what / goes ahead as planned

06. came to London / have been studying English / language school
07. houses a fitness room and a movie theatre
08. prefer the chocolate ice cream / prefer vanilla
09. hosted / an author talk / creative writing class
10. Subscribers / choose / coffee mug / fountain pen / their free gift
11. accessible / neither / pedestrians / was being surfaced
12. The library / not only / but also
13. comes with / as well as
14. local cuisine / yet
15. includes / modern kitchen appliances
16. not only / but also / sculptures
17. participate in / seeking new employees
18. released the new oven / saw an increase in profits
19. Although / no nutritional benefit / is used / a vast number of
20. While / most popular destination / fly to other islands
21. Since / retired / appeared as a speaker
22. city council / closed all downtown roads / badly flooded
23. outdoor concert / be cancelled / unless / larger venue
24. rarely / if / use advertising to reach new customers
25. Given that / many 5-star reviews / assumed / high quality

p 165 — PART 5

01. remarkable / twice / many landlines / mobile phones
02. have been working / as a computer technician
03. As we already know / hard to quit smoking
04. recession continued / nothing we could do
05. find / to get a job / serve their sentence

IELTS 급상승 시리즈 ❶ 최신 출제경향을 그대로 반영한

IELTS 급상승 Actual Test 1
[Reading &Writing] (Academic Module)

James H. Lee 저 | 210*280mm | 316쪽 | 16,800원

IELTS 급상승 시리즈 ❷ 최신 출제경향을 그대로 반영한

IELTS 급상승 Actual Test 2
[Listening & Speaking]

James H. Lee 저 | 210*280mm | 284쪽 | 16,800원

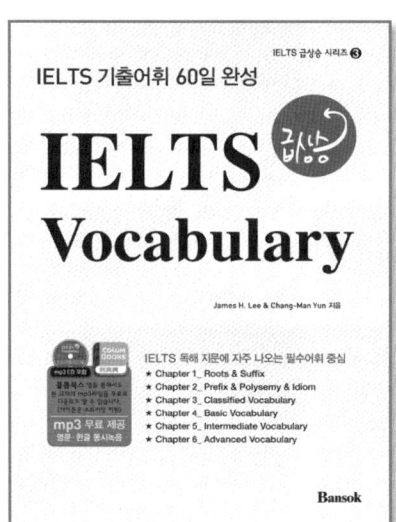

IELTS 급상승 시리즈 ❸ IELTS 기출어휘 60일 완성

IELTS 급상승 Vocabulary

James H. Lee, Chang-man Yun 저 | 188*258mm
440쪽 | 16,800원(mp3 무료 제공)